李佛摩

一本讀懂傳奇作手

JESSE LIVERMORE

齊克用 —— 著

目錄 CONTENTS

作者序　　輕鬆學會李佛摩操盤術　　　　　　　　　　5
前　言　　活學、活用李佛摩操盤術　　　　　　　　　7

01 CHAPTER　傳奇的作手生涯　　　　　　　　　　11

生平紀要與崛起　　　　　　　　　　　　　　　13
李佛摩操作心法　　　　　　　　　　　　　　　18
經典的交易戰役　　　　　　　　　　　　　　　25
操盤經典與台股案例　　　　　　　　　　　　　30
本章小結　　　　　　　　　　　　　　　　　　36

02 CHAPTER　賠光再賺回技巧　　　　　　　　　　39

李佛摩的賠錢操作經驗　　　　　　　　　　　　41
投資賺錢是件很難的事　　　　　　　　　　　　49
怎麼做才能賺到錢　　　　　　　　　　　　　　56
操盤經典與台股案例　　　　　　　　　　　　　64
本章小結　　　　　　　　　　　　　　　　　　70

03 CHAPTER　股票的買賣時機　　　　　　　　　　71

從做交易紀錄開始　　　　　　　　　　　　　　73
如何掌握交易時機賺錢　　　　　　　　　　　　80
交易過程中的危險信號　　　　　　　　　　　　86
操盤經典與台股案例　　　　　　　　　　　　　97
本章小結　　　　　　　　　　　　　　　　　　100

04 CHAPTER 關鍵點操盤技巧　　105

關鍵點是買賣時機　　107
關鍵點的價格行為　　112
辨識真假突破　　118
操盤經典與台股案例　　126
本章小結　　130

05 CHAPTER 情緒管理　　133

洞悉人性及情緒管理　　135
縮手不動，做好情緒管理　　146
作息規律，做好情緒管理　　152
操盤經典與台股案例　　156
本章小結　　158

06 CHAPTER 資金管理　　163

資金管理心法　　165
資金管理的投資邏輯　　176
減少虧損與擴大獲利　　180
操盤經典與台股案例　　184
本章小結　　188

作者序
輕鬆學會李佛摩操盤術

《股票作手回憶錄》（*Reminiscences of a Stock Operator*）與《傑西‧李佛摩股市操盤術》（*How to Trade in Stocks*）兩書是投資界的經典巨作，可謂是每個投資人必備的案頭書。

其中《股票作手回憶錄》一書，在中國大陸的翻譯本就有三十幾種版本，每年銷售排行都位居鰲頭，我也曾親自翻譯，並由寰宇出版社推出繁體中文版。我亦曾應中國出版社邀請，出版《股票大作手回憶錄講解》一書。

既然市面上已經有那麼多本相關書籍了，為何還要再出版這本書？

因為《股票作手回憶錄》與《傑西‧李佛摩股市操盤術》兩書出版年代已久，讀者雖仍可藉由閱讀原著，從中領會投資大師於字裡行間透露出的智慧之光，但許多看過上述兩書的投資朋友到了市場實際交易，卻還是賠錢收場。因我曾出版過多本解析傑西‧李佛摩操盤術的相關作品，長期研究李佛摩的操盤心法，於是今周刊出

版社希望我將之前出版過的作品再從中篩選、擷取、提煉出李佛摩的知識體系，加上我首創的動態操盤術為輔，讓大師遺留下的文化遺產能以更普及的方式留存於社會，於是就有了各位手上這本易學、易懂的李佛摩動態實戰操盤術作品。

由於股市實戰的時候都是動態的，但從書本上學習的卻是靜態操盤術，以 K 線理論或型態學來說，書本上的技巧與案例都只呈現走勢圖的中間段，因此依照書中的道理來看，預測未來結果的案例都是正確的，因為是用已經走完的走勢圖、從走勢圖的中間位置看未來，只有一種 100％正確的可能性。而當走勢圖越往右邊移動時，未來就會顯得越模糊，因為可能性有太多種，走到最右邊的即時跳動時，預測未來經常會出錯。這時，就必須調整為動態操盤術，才有辦法因應跳動不停的股價。

本書除了配以圖例講解李佛摩的操盤術之外，更加上台股案例說明實戰應用。整體結構以易讀、易懂、輕鬆、快樂地學會李佛摩操盤術並確實獲利為目標。期待各位讀者讀完這本書後，能夠順利進入正確操盤的投資世界。

前言
活學、活用李佛摩操盤術

多數人學習操盤時，學習到的技巧都成了靜態操盤術，但實際上股價卻總是動態地跳個不停。假如學習到的技巧都是過去走勢圖上的靜止狀態，是已經發生的狀況，那麼未來發生的可能性就只有一種。當進行操盤時，在股價持續跳動的當下，未來的可能性卻有無限多種。因此，必須把靜態操盤術轉化為動態操盤術，才能活學、活用李佛摩操盤術賺到錢。

想投機成功，我們必須對股票的走勢心中有譜。投機，無非就是預測即將到來的市場波動。為了正確地預測，我們必須有一個明確的預測基礎。

舉例來說，當一則新聞公布後，我們必須站在市場的角度，用自己的頭腦獨立思考它可能對行情造成的影響，並試著預測這則消息對投資大眾所引發的心理效應，尤其是那些與該消息有直接利害關係的人。如果您認為它可能對市場產生明確的看漲或看跌，此時千萬不要草率地相信自己的看法，一定要等到市場本身的走勢驗證

了自己的想法，才能確定判斷無誤，因為市場的反應可能不如自身預期般明顯。千萬不要過度期待或採取行動，「出手稍微慢一點」無異是為自己的對錯事先買保險。

這裡描述的交易過程是動態的，但許多投資人總把投資誤認為是靜態過程。圖 0-1 表示靜態操盤術的交易方式。

若以動態操盤術的方式來解讀，則如圖 0-2。當 1. 公司營收發布，月營收創新高，股價微幅下跌，但未突破，基本面利多不漲，這表示市場背後有主力在出貨，所以在很多可能性中，高點開始回檔的可能性較大。當 2. 公司財報出爐，營收盈餘都創新高，隨後股價突破上漲，這顯示市場背後有主力在進貨，是買進點，這是關鍵點操盤術，第四章會仔細說明。圖上有好幾個地方都標示著價格進行中時，每一個位置都有漲跌的很多可能性，這便是動態操盤術。

前言　活學、活用李佛摩操盤術 | 9

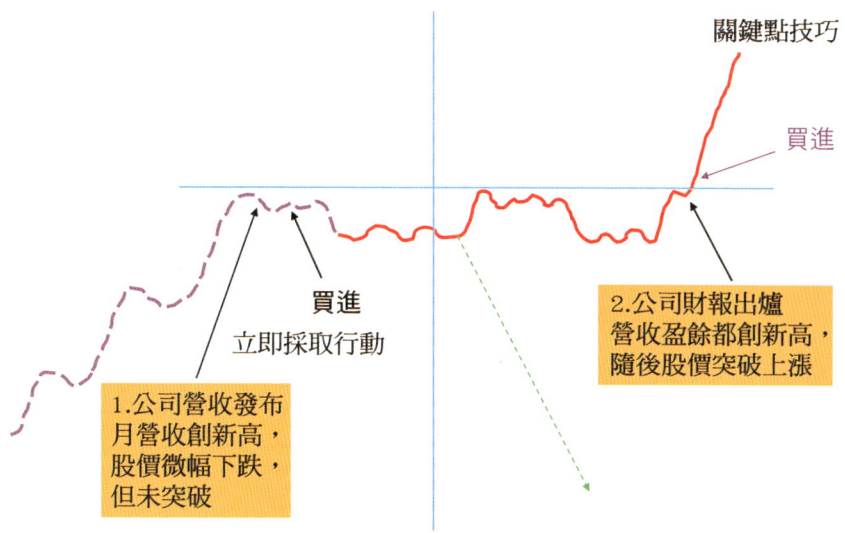

圖 0-1　靜態操盤術方式描述李佛摩操盤術

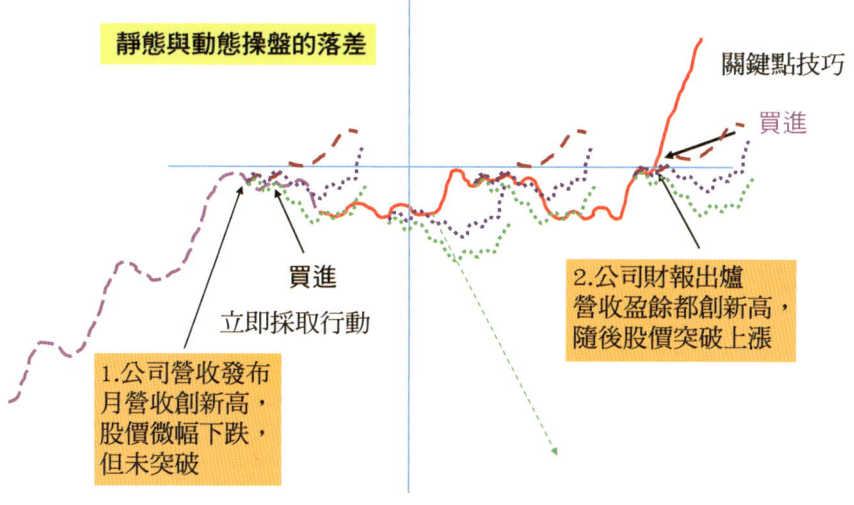

圖 0-2　李佛摩靜態操盤術與動態操盤術的落差

1
Chapter

傳奇的作手生涯

為何需要了解李佛摩的生平？
因為隨著他的人生歷程，
就等於透視投資學習的過程。

生平紀要與崛起

傑西・李佛摩的崛起

　　1877 年 7 月 26 日，傑西・李佛摩出生於美國麻薩諸塞州一個務農家庭。他幼年生長居住的地方氣候寒冷、土壤貧瘠，需要非常辛苦地工作才能賺取微薄收入。他的第一份工作，是拿父親的鋤頭去鬆動堅硬的土壤，而這份粗重的工作對他體弱多病的身體而言，是非常辛苦的。儘管他在學校的表現非常優異，尤其在數學方面，但家中缺乏勞力幫手，於是父親要他輟學，跟著家人一起工作。由於家中生活困頓，他不願留在家中，開始想要往外面發展，因此與愛護偏袒他的母親商量之後，離開家裡。母親在他離去之時，給了他 5 美元和一件大外套，這樣就可以度過一陣子不必再買新衣服。1891 年，李佛摩來到了波士頓，當時他年僅 14 歲。

　　李佛摩到波士頓的第一份工作是潘偉伯（Paine Webber）證券經紀公司抄黑板的小弟，工作內容是將股票報價抄在黑板上。他在數學方面頗有天賦，對數字過目不忘且具敏感度，於是他熟記各種股票數據之後，開始學習研判行情。從抄黑板工作開始，他習慣隨身攜帶著一本筆記本，用鉛筆記錄著數以千筆的交易，並藉由數字的變化，找到適當的交易時機，且運用自己發明的操作理論，從市場

中賺到錢。他在空桶店（bucket shop）[1] 賺到人生第一筆藉由交易獲得的金錢：3.12 美元；過沒多久，他從空桶店賺到的錢就遠超過在證券經紀公司工作所賺的錢，於是他辭去工作，打算專心操作。但家人反對他辭職，然而家人看到他從行情中賺到的錢之後，也就不再多說了。

圖 1-1　早期的抄黑板小弟工作內容，是將股票報價抄在黑板上

操作生涯初期學會的技巧

李佛摩從初次的工作中學習研判行情，並且開始預測股票價格的變化。他唯一的依據，就是股價過去的表現。在他的腦子裡有本「股價數字紀錄與註解表」，然後依據股價某些特定發展的型態，預測它們未來的變化。他持續在筆記本裡記錄股價變化，就這樣做了

1　或譯對賭行，一種允許根據股票或商品價格進行賭博的生意。

約半年。下班之後，他不是立刻回家，而是從記下的股票價格中，繼續研究行情的變化。他一直在尋找重複或相似的型態，其實這就是在學習分析報價帶上的數字，只不過當時他沒有意會到自己已經開始學習分析、研判和預測未來了。

然而，某檔股票今天漲跌的原因，也許在未來幾天、幾個星期或幾個月都不可能知道，但對操盤人而言，找到漲跌的原因並不是重點，報價帶上的訊息才是至關重要的。因為報價帶上的訊息關係著現在的操作，必須當機立斷。不是刻意不去找出漲跌原因，只是如果不立即採取行動，獲利機會就會消失。例如：有一天空管公司（Hollow Tube）股票下跌了 3 點，但同類型的其他股票卻都大幅上漲。在接下來的星期一，新聞報導說，董事會通過了股利方案，比市場預期差，就是這個原因。公司內部人早就知道股價會如何發展，雖然他們沒有賣出持股，但也沒有買進股票。既然內部人都不支持，股價自然就找到了下跌的理由。

李佛摩的操作哲學

當李佛摩的同事告訴他「百靈頓」（Burlington）這家鐵路公司股票會漲時，他拿出了自己的小筆記本比對，符合他的研判，於是拿出 5 美元與同事合資到空桶店購買了 5 股百靈頓股票，這是他第一次操作的股票，賺了 3.12 美元。他操作成功的原因，可歸納成以下四點：

- 雖然平常工作忙碌，但仍不忘思考、研判行情。
- 他對價格變動產生了興趣，且對數字有驚人的記憶力，價格在上漲或下跌的前一天是如何表現的，他都可以記得一清二楚。由於喜愛心算，因而記住數字及其變化自然駕輕就熟。
- 許多人都在做交易紀錄，但他們的紀錄大多是紙上談兵，只是想像賺賠了幾百萬美元，既不會樂昏頭，也不會窮到流落收容所。然而，李佛摩的紀錄和他們不一樣，他所記錄的是自己的預測是否正確。除了研判下一步的走勢之外，最感興趣的是證實自己的觀察是否精確，也就是驗證自己對未來的預測是否正確。他就是這樣開始對報價帶上的訊息感到興趣的。
- 在空桶店那種地方操作，交易者只對報價帶上的股價波動下注，而他那一套方法確實讓他在空桶店得心應手。

對李佛摩而言，報價帶上的數字並不代表股票價格，或是一股多少錢，它們只是數字而已。當然，這些數字總是在變化，而他認為這些數字及其變化肯定具有某種意義，這才是他真正感興趣的地方。

根據李佛摩的觀察，股票在上漲和下跌的過程中，通常會表現出一定的慣性行為，這樣的例子不勝枚舉，而這些過去的案例或先例，就是他用來預測未來的依據。他還領悟到一件重要的事情，就是「華爾街沒有新鮮事」。股市今天所發生的事，過去也曾經發生

年代	年齡	紀要
1877	0 歲	1877 年 7 月 26 日出生於麻州。自小家境窮困,父親務農。
1891	14 歲	離家時身上帶著 5 美元,到證券商擔任股價抄黑板小弟。
1892	15 歲	從事第一筆交易,獲利 3.12 美元。
1897	20 歲	前往紐約買賣證交所股票,輸光後回空桶店再賺回。
1900	23 歲	第一次結婚,住在長島豪宅,雇用 14 位佣人。
1901	24 歲	美股大漲,財產爆增至 5 萬美元,沒多久就再次輸光。
1907	30 歲	10 月 24 日崩盤,大賺 300 萬美元,人稱「股市最大棒槌」。
1908	31 歲	棉花大王建議買進棉花,負債 100 萬美元,罹患憂鬱症。
1915	38 歲	4 月 7 日伯利恆鋼鐵創新高,驗證關鍵點技巧大賺。
1917	40 歲	負債 100 萬美元,1917 年 4 月大賺後清償債務。
1921	44 歲	運用時間管理、資金管理及情緒管理,底部進場。
1923	46 歲	新年前夕進入銀行金庫,檢視每筆交易紀錄和筆記。
1924	47 歲	用關鍵點技巧,裸麥賺 25 萬美元、小麥賺 300 萬美元。
1925	48 歲	月 18 日,棕櫚灘飯店大火,搶救妻子 24 個 LV 行李箱。
1926	49 歲	3 月 3 日,與妻子在自家豪宅舉辦化妝舞會。
1929	52 歲	大蕭條時期,賺進 1 億美元。美國一年稅收 42 億美元。
1930	53 歲	股票不會單獨行動,獨創協力車操盤術。
1932	55 歲	領悟時間因素,不做短只做長,記錄關鍵點技巧。
1933	56 歲	6 月 27 日,豪宅被拍賣,資金出現嚴重問題。
1934	57 歲	3 月 5 日,第四次破產,罹患重度抑鬱症。寫書留給後人。
1935	58 歲	與妻子醉酒爭執,射殺了他們的大兒子。
1938	61 歲	所有股票都創新高,英國政府賣股,鋼鐵股例外。
1940	63 歲	新書賣得不好。11 月 28 因憂鬱症而舉槍自盡。

圖 1-2　李佛摩生平紀要

過,而且將來還會再度發生。他認為,股價波動總有原因,但是報價帶不會有任何解釋說明,它不會告訴你股價波動的原因,所以根本不需要去探究。

李佛摩對股市行情的研判,並不是直覺,而是下意識的思維,那可能是許多小事日積月累所產生的效果。這些小事分開來看微不足道,但累積起來卻能使下意識運作出強大的力量。也就是說,他從犯錯中得到教訓,而且不斷地學習和改進,而日積月累的結果,使得他的下意識產生了效果,投機技巧也在這過程中精進不少。

李佛摩操作心法

根據基本情勢,順勢操作

李佛摩喜歡單槍匹馬獨自操作,而且不管是觀察還是思考,都必須親力親為。他對多空沒有特別偏好,也完全不受投機偏見的困擾,唯一的堅持就是「不能犯錯」。他絕不與報價機上的報價爭辯,如果市場走勢不符合預期或甚至不合乎邏輯就對市場發脾氣或責怪市場,那就好比得了肺炎後,對肺發脾氣和責怪是肺的錯,是一樣的。他操作的模式是根據事實,運用事件發生演變的邏輯而推演出來的基本情勢並據此行動。雖然有時反應會有點落後,但只要有耐

心，基本情勢最終總是值得信賴的。

李佛摩說，根據他過去的交易經驗，當股票第一次突破100、200或300的整數關卡時，價格上漲是不會停止的，而且它還會再繼續上漲，因此只要一突破整數關卡，就得買進，而你肯定能賺到錢。膽小的人不喜歡在股價創新高時買進股票，但根據過去的經驗，這是個賺錢機會。

李佛摩知道，投機者必須研究和評估整體狀況，如此才能預測未來的可能性。他發現，分析行情走勢很重要，而在適當時機進場也是同等重要。因此，他不再急躁，也不會沒有看清情勢就貿然進場。簡單地說，他不再盲目下賭注，或專注於精通賺錢技巧，而是藉由不斷地努力研究與清楚地獨立思考來贏得勝利。他最大的收穫並不是在看得到的錢，而是看不到的事實。也就是說，他學會了必須怎麼做，才能賺到大錢。他徹底擺脫了賭博的心態，終於學會如何聰明擴大資金部位的操作。

永遠不要與行情爭辯

價格會沿著最小阻力的方向進行，這也是李佛摩交易系統的精華。他在做交易決策前也做基本面分析、資金面分析、價格行為分析甚至投資心理分析，但所有的研究和分析最終都在確立價格阻力最小的路線。價格會沿著最小阻力的方向進行，也就是說，它們會

朝最容易的方向進行。如果上漲的阻力比下跌的阻力小，那麼價格就會往上漲，反之亦然。在實際的操作中，我們會發現，股市收盤後到隔天開盤前這段期間的任何重大消息，往往與最小阻力線的方向一致。趨勢在消息公布之前就已經確立，而且在多頭市場中，人們會忽略利空消息，利多消息總是被加強，反之亦然。

在確定最小阻力線之後，就準備沿著這條線順勢操作。這聽起來似乎很容易，但在實際操作中，交易人必須提防許多阻撓你正確操作的事情發生，而其中最大的問題來自自己本身，也就是說，我們必須提防人性的弱點。這就是李佛摩所說的，做對的人經常有兩股力量在幫助他──基本情勢和做錯的人。

在狹幅波動的市場，當價格走勢沒有明確方向時，試圖預測下一個大波動是往上或往下，根本毫無意義。我們應該做的只是觀察市場，研讀報價帶，確定價格波動區間有多大，並下定決心，除非價格突破這一區間的上限或下限，否則就按兵不動。投機者必須思考如何從市場中賺錢，而不是固執地要報價帶與他的看法一致。永遠不要與行情爭辯，也永遠別問原因或解釋。在股市裡賠錢後再做事後的調查分析，是無法改變賠錢的事實。

克服人性的弱點

人性的弱點是投機者成功的致命傷。投機者最主要的敵人往往

出自於自己的內心，人性跟希望與恐懼是分不開的。在投機過程中，當市場不利於自己時，總會希望這是最後一天；當市場照著自己的方向走時，總會害怕隔天利潤飛了，結果是太早出場。恐懼讓我們無法得到本來應該獲得的利潤。成功的交易者必須克服這兩個根深柢固的本性，我們可以把它們稱作天生的衝動，而且必須懂得把它們反過來運用。也就是說，當別人滿懷希望時，我們必須心生恐懼；當別人滿懷恐懼時，則必須擁抱希望。我們必須擔心虧損會越滾越大，並希望利潤能巨幅成長。像一般人那樣在股票市場中賭博，絕對是錯誤的。

李佛摩從 14 歲就開始了他的投機生涯，經過近 30 年的交易，曾經窮困潦倒過，也曾不可一世，他最終得到的結論是：你可以一時擊敗一檔股票，甚至是整個類股，但沒有人能夠擊敗股市！

一個人專精於某樣東西多年後，就免不了會產生一些有別於一般新手的習性，而這也就是專業人士和業餘玩家的差別。投機者看待事情的方式，決定了他在投機市場中是賺錢還是虧錢。一般大眾對自己的操作抱持著玩票態度，他們經常擁有過度的自尊心，或太過自信，因而思考往往不夠深入、徹底；而專業人士關注於做對的事勝過賺錢，因為他們知道如果做好每一件事，利潤自然會產生。交易者的操作應該像職業撞球選手那樣，也就是說應該眼光放遠，而不是只考慮眼前的這一桿。為下一步布局才是王道，而且必須把這點變成自己的天生本能。

▎永遠依據自己的判斷操作

李佛摩從過去的經驗學習到，投機者有許多容易出現的弱點。他認為作為一個投機者，任由自己受到外界事物的影響，把自己的判斷拋在腦後，這是不應該且是不明智的行為。知恩圖報是高尚品德，但不應該用在股市上，因為報價帶是不講義氣的，更不會獎賞忠誠行為。他明白當時自己不可能自行決定一切，但不能只因為想在股市交易，就改變自己的信念。生意之道就是投機歸投機，作為投機者，經營之道就是永遠只能依據自己的判斷來操作。

此外，永遠不要奢望賣在最高點，也絕不要嘗試在高檔放空，這樣是不聰明的，要在回檔之後，沒有反彈的時候放空。

在空頭市場中，如果市場突然發生非預期的大事，回補空頭部位絕對是明智之舉。如果你的部位相當大，那麼這就是你把帳面利潤快速轉變為現金而不縮水的唯一辦法。

大部位交易有一大問題，就是無法像少量時一樣地操作，悄悄地出脫部位。我們無法在想賣出或認為應該賣出時出場，必須在能賣出時，也就是找到能吸收所有部位的時機時，才能出場。如果找不到這樣的機會，就很有可能損失幾百萬美元。你不能猶豫不決，要是沒有當機立斷，就輸定了。

聽信小道消息來操作，是極為愚蠢的行為。李佛摩認為，那些追求小道消息的人就像酒鬼一樣，他們無法抗拒誘惑，總是希望能痛飲一番，而豎起耳朵來聽小道消息是件再容易不過的事。聽信別人的意見操作，永遠不會比自己研判來得快樂。就追求小道消息而獲利的這件事來看，與其說是被貪婪給蒙蔽了，倒不如說是被「想不勞而獲的行為」給困住了。

李佛摩發現，在投機的遊戲中，經驗是穩定獲利的來源，而觀察是讓自己發現投機標的的最佳線索。無論何時，股票的行為就是我們唯一需要注意的事情，必須觀察它，而經驗會告訴我們如何從偏離常態的走勢中獲利，也就是一般所說的靠機率賺錢。我們都知道，不是所有股票都會齊漲齊跌，但在多頭市場，同類股票都會上漲；在空頭市場，則都會下跌，這是投機遊戲的通則，也是我們最常發現投機標的的方法。但是，如果在多頭市場中有一檔股票沒有表現出它在那種趨勢裡應有的表現時，絕不要買它，因為與同類股的趨勢作對，是很不明智的作法。我們不能只考慮一些確定的因素，而是必須依賴機率去推測各種可能性。經驗告訴我們，不要買進拒絕追隨同類股上漲的股票。

保持不畏懼害怕和不動如山

要保持不畏懼害怕和不動如山，並不困難。投機者必須對自己有信心，同時要相信自己的判斷。紐約棉花交易所前主席狄克遜‧

華德（Dickson G. Watts）曾說：「投機者的勇氣，表現在他根據自己的決定採取行動，並對自己的決定有信心。」華德認為，投機者必須具備五項至關重要的特質，包括：獨立性、判斷力、勇氣、謹慎、靈活度或修正自己看法的能力。至於勇氣，就是大膽、不畏縮，勇往直前。

李佛摩在華爾街闖蕩多年，賺賠幾百萬美元之後，終於領悟到他之所以能賺到大錢，關鍵重點不在於看對股市行情，而是縮手不動。就是縮手不動！看對市場行情沒有什麼了不起。在多頭市場可以找到很多人一開始就作多，在空頭市場也會找到很多人一開始就放空，他們在正確時點，看得十分精準，幾乎是一點不差，但他們總是沒賺過什麼大錢。能看對行情、又能縮手不動的人，難得一見，他發現這也是最難學的功夫。不過，要是股票操盤手能牢牢地記住這點，就能賺到大錢。投機者懂得如何操作之後，要賺幾百萬美元，確實比那些不懂得操作的人要賺幾百美元來得更容易。也就是說，懂的人要賺大錢，比不懂的人要賺小錢還來得容易。

無法「縮手不動」的原因是，一個人能針對行情看得清楚且明確，但當市場沒有在他預期狀況下發展時，便失去耐心或感到懷疑。這就是為什麼很多在華爾街闖蕩且根本不是傻瓜的人，最後卻都虧損了。市場並沒有打敗他們，而是他們自己打敗自己，因為他們看對行情，卻無法堅持縮手不動，才會被自己打敗了。

經典的交易戰役

為抑制熱帶貿易上漲,放空赤道商業

當內部人士為了嚇退空頭而拉抬熱帶貿易的價格時,李佛摩並沒有試著再放空那檔股票來抑制它的漲勢。他已經放空 3 萬股,占流通在外籌碼中很大比例,在這種情形下再加碼放空,就不是明智之舉了。李佛摩可不想一頭栽進他們精心設計的圈套,其實第二波上漲正是他們一種急切的邀約。當熱帶貿易公司的價格漲到 149 美元時,李佛摩的作法就是放空 1 萬股赤道商業公司(Equatorial Commercial Corporation)的股票,而這家公司大量持有熱帶貿易公司的股票。

赤道商業公司這檔股票不像熱帶貿易公司那樣交易熱絡,李佛摩一賣出,它就如預料般應聲大跌,而李佛摩的目的自然就達到了。當交易人及經紀公司裡只聽信熱帶貿易公司利多傳聞而作多的顧客,他們看到熱帶貿易公司上漲的同時,赤道商業公司卻出現沉重賣壓和重跌,於是自然而然就會認為熱帶貿易公司的上漲只是掩人耳目的障眼法,目的顯然是為了便於內部人士出脫赤道商業公司持股。他們認為,赤道商業公司是熱帶貿易公司最大股東,赤道商業公司之所以會大跌,一定是內部人士所為,否則不會有任何一位外部人士敢在熱帶貿易公司那麼強勢時,放空那麼多股票。因此,聰明的交易人見到赤道商業公司大量內部人士的賣盤時,當然立即

賣出熱帶貿易公司的股票。此時，熱帶貿易公司的漲勢果然被抑制住了，而內部人士當然不敢吃下來自投資大眾蜂擁而出的股票。當內部人士的支撐力道一撤退，熱帶貿易公司的價格自然立刻下跌。此外，交易人和主要的經紀公司現在都在賣出赤道商業公司的股票，李佛摩趁機回補空頭部位，賺了一點小錢。這筆放空操作策略，目的不在獲利，而是抑制熱帶貿易公司的漲勢。

熱帶貿易公司的內部人士及為他們辛勤工作的公關人員，一再拋出各種不同利多消息，試圖再拉抬股價。每當他們這麼做時，李佛摩就放空赤道商業公司，而在該公司回檔並拉下熱帶貿易公司股價的同時，就再回補赤道商業公司的放空部位。等到熱帶貿易公司回檔並把赤道商業公司往下拉時，再回補赤道商業公司的放空部位。就這樣，李佛摩消耗了操縱者的實力，讓他們無法得逞。熱帶貿易公司的價格最後跌到 125 美元，空頭未平倉部位餘額也上升到很高的水位，使得內部人士能夠輕易把價格拉升 20 至 25 點。這一次的反彈，是因為空頭部位過於龐大，導致有效多殺空的軋空行動。雖然預見會有反彈行情，但他並沒有回補，因為他不想失去空頭部位。在赤道商業公司追隨熱帶貿易公司同步上漲之前，李佛摩又大舉放空赤道商業公司，結果還是一樣，這揭穿了熱帶貿易公司近來大漲的利多消息全都是謊言。這檔股票在最近的驚人漲勢之後，多頭氣勢又開始囂張起來。

▌縮手不動，堅持抱緊部位

這個時候，大盤變得相當疲弱，李佛摩認為整體情勢已經進入空頭，因此在佛羅里達州的釣魚小屋開始放空熱帶貿易公司的股票，他還放空相當多其他股票，但熱帶貿易公司是他的最愛。最後，內部人士知道再也無法抵抗整體情勢，於是熱帶貿易公司一瀉千里，跌到 120 美元之下，是多年來首見；接著跌破 110 美元，然後又跌破面值，不過至此他依然沒有回補。有一天，整個市場極其疲弱，熱帶貿易公司跌破 90 美元。在一片淒風苦雨中，李佛摩回補放空的股票。這麼做是基於相同理由，因為眼前有個回補的大好機會！換句話說，就是有一個很大的市場，盤勢疲弱，而且賣盤遠多於買盤。李佛摩在這波下跌趨勢中的最低點，回補 3 萬股熱帶貿易公司的空頭部位。他從來沒想過要在底部回補放空部位，而是在尋找把帳面利潤轉變成現金的時機，同時又能避開轉換過程中可能產生的利潤縮水。

李佛摩之所以能在跌勢中文風不動，是因為他知道自己的部位經得起考驗。他沒有違逆市場趨勢或與基本情勢作對，而是順勢而為，這也正是他十分肯定自信過度的內部人圈子必將潰敗的原因。他們想進行操縱，別人早就嘗試過，而且總是以失敗收場。對於那些經常出現的反彈，所有人都知道這是不可避免的，所以無法把李佛摩嚇跑。他只要縮手不動堅持抱緊部位，而不是先回補，然後在更高價位建立新的空頭部位，最後的結果必然能賺到更大利潤。李

佛摩就是堅持抱住正確的原始部位，讓他賺進 100 多萬美元。這次的獲利跟預感、熟練的行情研判技巧或是堅定不屈的勇氣，一點關係都沒有，而是來自對自己的判斷具有信心。知識就是力量，有了力量，就不需害怕謊言。即使這個謊言印在報價紙帶上也不必害怕，因為價格很快就會回到它應走的軌道上。

回補空頭部位，反手作多

一年後，熱帶貿易公司再度被推升到 150 美元，而且在這個價位徘徊好幾個星期。這時大盤到了應該回檔的時候，因為它已經馬不停蹄漲了一大段，多頭後繼乏力。李佛摩之所以知道這點，是因為他測試過市場。熱帶貿易公司所屬的集團及其類股，碰到業績不理想的狀況，他看不出有作多這些股票的任何理由，於是開始放空熱帶貿易公司，打算放空 1 萬股。他一賣出，價格應聲下跌，根本看不到有任何支撐力道。接著，突然間買盤的性質變了。

李佛摩可以拍胸脯保證，只要股價一有支撐的買盤出現，他馬上知道。這麼說，不是要炫耀自己有多行，而是在這個時候想到，如果內部人士從來不覺得自己負有道義上的責任必須維持股價，那麼他們在整體市場下跌中買進這檔股票，一定有他們的理由。他們不是沒腦筋的笨蛋，也不是慈善家，更不是為了維持股價以便能銷售更多股票的銀行家。熱帶貿易公司的價格，並沒有因李佛摩和其他人的賣出而下跌，反而是上漲的。於是他在 153 美元的價位回補 1

Chapter 1 傳奇的作手生涯 | 29

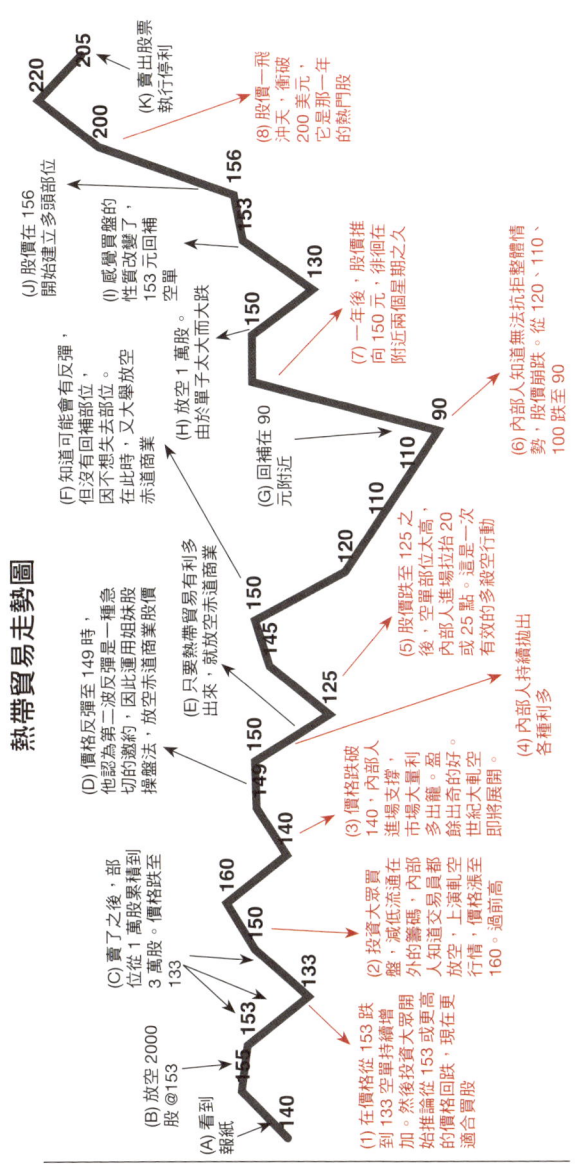

圖 1-3 李佛摩的「熱帶貿易」經典交易戰役走勢與說明

萬股的空頭部位，然後在 156 美元的價位開始反手作多，建立多頭部位。因為這個時候報價帶告訴他，最小阻力線已經轉變向上了。雖然他仍看空後市，但現在面對的是一檔實際狀況完全與眾不同的股票，自然不能以一般的投機理論來研判。熱帶貿易公司一飛沖天，股價突破 200 美元，是那一年表現非常優異的熱門股。廣播和報紙報導說他慘遭被軋空，虧損 800 萬或 900 萬美元。事實上他不但沒有作空，反而在熱帶貿易公司的上漲途中一路作多。除此之外，他因持有部位稍微久了一點，以至於有些帳面利潤流失了。想知道為什麼會這樣嗎？因為李佛摩設身處地替熱帶貿易公司內部人士思考了一下，他們應該怎麼做，但這種事根本沒必要去思考，因為他該做的事是操作，而不是胡亂地猜測別人應該怎麼做。李佛摩「熱帶貿易公司」經典交易戰役，如上頁圖 1-3。

操盤經典與台股案例

操盤經典

網路上使用了錯誤圖表，誤導世人李佛摩生涯的後半段交易行為挫敗。眾多投資人誤以為若以結果論，李佛摩操盤術最終是失敗的，並導致他自殺身亡。我自認是李佛摩操盤術的追隨者，有責任為他澄清並反正。

下頁圖 1-4 共有四個錯誤的地方。

- 橫座標代表年代紀要，縱座標顯示的是技巧的成長。頂點之後的右半段，操盤技巧直接跌到最初的一無所有，誤導世人對他生涯後半段最後導致毀滅。
- 圖中的曲線，不是當時的股市走勢圖。
- 曲線要表達的不是一生的資產淨值走勢圖。因為一生中至少有六次賠光與兩次破產。淨值走勢圖上並未見到跌到零。最終去世時遺產仍有超過 500 萬美元，因而曲線不是資產淨值走勢圖。
- 最後的 17 年裡建立關鍵點系統，才是真正的操盤技巧到達成熟階段。

據他本人描述，在第一次破產之前，賠光了，負債累累，生病了，身體與心理都沮喪到了極限。這裡的描述能夠體會到人生谷底，憂鬱症開始出現。他自己不斷地說道，打敗他的就是自己的人性弱點。從他的遺書中明顯可看出，人性的問題與憂鬱症導致最終步上自殺絕路。曲線的後半段直接下跌至最低，誤導後人是技巧無用導致賠光，最後自殺身亡。其實正確的李佛摩投資生涯軌跡如下圖 1-5。

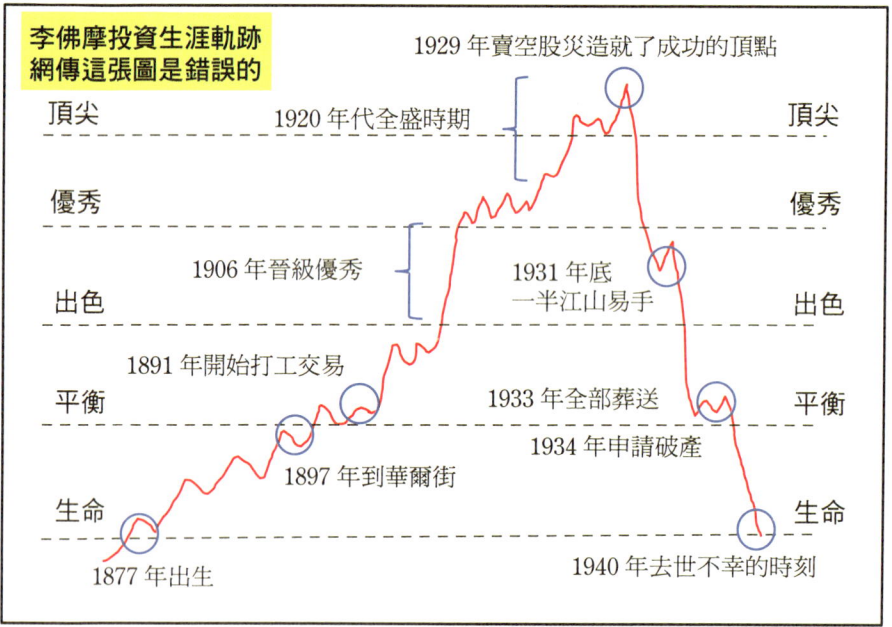

圖 1-4 錯誤的李佛摩投資生涯軌跡圖

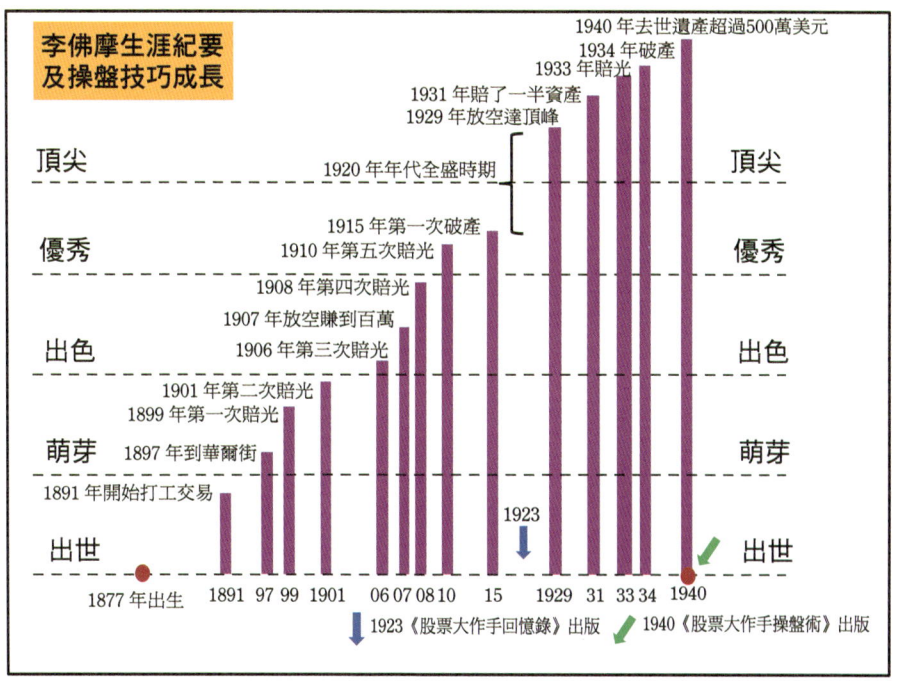

圖 1-5　李佛摩生涯紀要及操盤技巧成長圖

台股案例

　　投資人似乎不太理解股票交易的基本原理。李佛摩常說，在上漲趨勢中買進股票是最安全的，其重點不在於能否買到最低點，或是放空在最高點，而是能否在恰當時機買進或賣出。他放空股票時，每次加碼放空的價格一定要比前一次低，而作多時則正好相反。他一定在上漲時買進股票，絕對不在下跌時買進。請記住，不要認為股價太高而不能買進，也不要認為股價太低而不能賣出。而且，在第一筆交易之後，除非真的有獲利，否則別再做第二筆交易。

　　許多有經驗的交易員聽到李佛摩說，他在股票上漲時以當時的最高價買進，放空時則以最低價賣出，這種作法讓他們難以置信（如圖1-6）。李佛摩認為，如果交易者始終堅持自己的投機原則，那麼賺錢絕非難事。換句話說，就是等待最小阻力線確立，然後在報價帶顯示出應該買進時才買進，或報價帶顯示應該賣出時才賣出。例如，在上漲行情中，應該在一開始先買進五分之一的部位，並且一路加碼。如果第一筆交易沒有賺錢，就不能加碼買進，因為從一開始就明顯錯了；此時此刻你是錯了，因為無論在什麼時候只要沒有賺錢，就是錯了。運用李佛摩的方法建置部位，以及加碼操作，不但能持續保持部位賺錢，並且一定能賺到大錢。

Chapter 1 傳奇的作手生涯 | 35

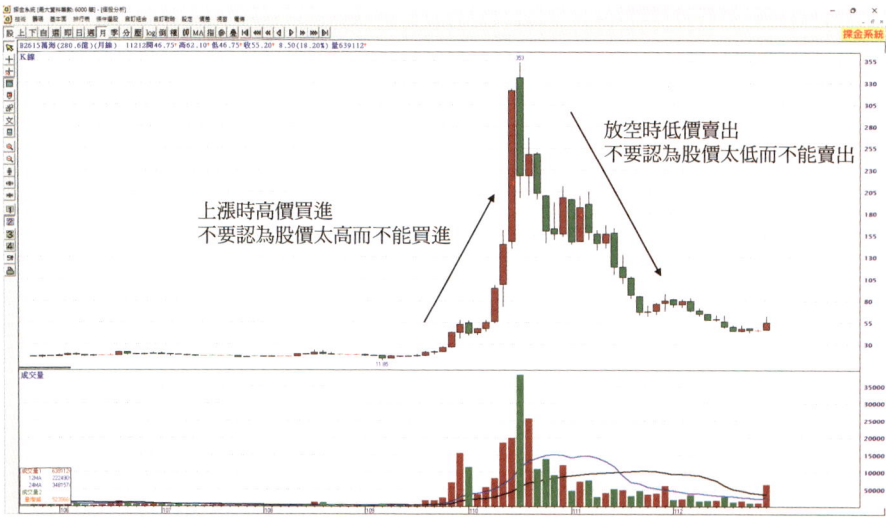

圖 1-6 萬海上漲趨勢與下跌趨勢的李佛摩操作心法

本章小結

本章從一個務農的窮家庭小孩起始，開啟了一位傳奇人物的作手生涯。作手（Operator）在當時的用語就是有能力控盤的操盤手，通常這個人手中擁有大量股票和現金。在《股票作手回憶錄》最後六章使用的「操縱者」名詞，跟作手是一樣的。用現在的話來說就是「主力」。所以，作手＝操縱者＝主力，是有能力控盤的一個人或一群人，例如：台積電的主力就是外資。

當我們在看李佛摩生平時，不是在看他的個人歷史，也不是在看他的人生故事，而是藉由他的生平記事，讓我們了解到學習操盤的過程中，要從哪裡開始學習，然後學習過程中在哪裡轉換到下一個階段。

為何李佛摩的操作心法能夠遠流傳？主因是簡單的一句話，道出大家會犯的錯誤，而這些錯誤都是來自人性──不要認為股價太高而不能買進，也不要認為股價太低而不能賣出。

當我們認清這個錯誤後試圖改正，最後就變成操作心法，時刻提醒自己別犯這種低級錯誤。

本章介紹的「熱帶貿易公司」經典交易戰役案例，這種類似的操作在李佛摩的交易紀錄中經常出現。謹守一個原則，把走勢圖依

照他所講的繪製出來，並標示清楚他的進出點，以及買賣邏輯。這樣才能看清楚他操盤的過程，讓學習操盤這件事變得更輕鬆與容易。

2
Chapter

賠光再賺回技巧

《傑西・李佛摩股市操盤術》一書，
在一開始就強調一般投資大眾都輕忽投資的困難，
總把投資賺錢想太容易。
李佛摩認為做錯是經常發生的事，
賠錢是必然的結果，因此一再強調想要投資成功，
就必須把買賣股票當成終身事業經營。

李佛摩的賠錢操作經驗

手握太多股票，是看不清盤勢主因

不要想一網打盡，不要在同一時間內介入太多種股票。同一時間操作許多檔股票絕對很不安全，會讓人感到混亂和迷惑。幾檔股票比一大堆股票容易照顧。李佛摩以前從不這麼做，但他有強烈欲望想打遍股市無敵手，但整日進出的結果，讓他付出慘痛代價。頻繁進出的渴望戰勝了常識與研判。他對第一組和第二組類股的操作賺到了錢，但是因進攻信號尚未出現就跳入另一類股而吐出不少原先的獲利。他犯下這樣的錯誤，損失了不少錢。

進出太過頻繁及同時交易太多種股票，都是交易過度。不要縱容自己對整體股市的看法，不是完全看多就是完全看空，因為某些特定類股中的單一個股，就是會出現與一般市場趨勢背道而馳的表現。儘管其他類股中有某幾檔股票透露出走勢已經到了盡頭，在決定執行手中的交易前，仍當耐心靜待時機來臨。時間一到，這些股票自然會明確地出現相同信號。

是否常聽投資人說：「我不擔心股價的上下波動或追繳保證金。我從不投機，買股票是為了投資，就算股價一時下跌，終究會再漲回來的。」然而，很不幸的是許多當初被這些投資人所認定的投資標

的，都在後來遭逢劇變。於是乎，這些所謂的「投資股」就變成不折不扣的「投機股」了。有些股票甚至還從地球上消失，投資人所投入的資金也就血本無歸了。

會發生這樣的事，完全是因為投資人沒有意識到即便是所謂的「投資股」，也會在面臨未來的新形勢時，完全失去獲利能力，而投資人卻自始至終都視其為一筆永久的投資。等到他們認清情勢時，手上的投資價值已大幅折損。因此，投資人應該一如成功的投機客，在從事投機冒險時，對自己的資本隨時保持戒心。那些喜歡自詡為「投資人」的人，必須要能做到這點，方能於日後免去被迫成為投機客的風險。

依李佛摩個人意見，所謂投資人才是不折不扣的大賭徒。他們決定好要押哪一注後，就從一而終，如果這個決定錯了，他們就死抱持股，直到賠光為止。投機客也可能押上同一注，但是假若這位投機客夠聰明，而且又有在做紀錄的話，危險信號會警告他情況不妙，而他會立即做出反應，將損失控制在最小範圍內，等待著下一個進場好時機的出現。

▌過於急躁進場，結果將落得賠錢

我們可以對特定一檔股票有自己的看法，相信它會展現一段特出的走勢，不管是上漲或下跌。儘管最後看法是正確的，但也有可

能因太早就根據自己的想法去做推斷或採取行動，結果仍舊賠錢。

相信自己的想法正確並立即採取行動的結果，只會落得這樣的下場：在確定市場方向出手後，發現它竟然往完全相反方向走。市場變得沉悶不前，投資人終因厭煩而出場。也許幾天後這檔股票又轉好，而投資人也再度介入，但就在剛剛重新介入後不久，該股又走向背叛。我們不免又一次開始懷疑自己的判斷，並出脫持股。由於太過急躁，也由於兩度錯誤行動，我們可能喪失勇氣。更可能在多次這樣的進出之後，對自己的判斷也完全失去把握。

貿然介入走勢尚未真正發動的股票，就無法在走勢真正展開時就正好介入，因為早在還沒發動前就已賣掉。當針對某一檔或數檔股票有了確切判讀之後，不要太急著介入。先等等，仔細觀察一下該股在市場上的表現。耐心等待關鍵點出現再出手，才能掌握到正確買點。

正如許多投機客一樣，李佛摩有許多次都無法耐心等到獲得確認情況就進場交易，因為想要時時刻刻都能獲利。他喜歡用打牌來做比喻。對他而言，就像玩撲克牌或橋牌，由於人性使然，總是每一把都想玩。這股「每一局都要參與」的欲望是投機客管理財富時的天敵，終究會給我們招來災難。在他早期的投機生涯中，這種投資心理與行為曾數度讓他破產並陷入財務困境。

也許各位會問:「憑他的經驗,怎會容許自己這麼做呢?」答案在於他也是人,也有人性弱點。正如所有投機客一樣,讓缺乏耐心鬥倒自己的良好判斷力。投機酷似打牌,不管是橋牌或其他類似玩法。大家都有共通的人性弱點,因為想要每一局都贏,當然每一局都得下去博手氣。

我們或多或少都擁有人性弱點,而這就是投資人或投機客的頭號大敵。倘若未能小心防範,終必教人落入陷阱。建議平常就做好交易紀錄,當察覺到這種狀況出現時,就應該嚴格限制自己進出次數,特別要記好別交易過度的規則。

李佛摩說回想 1920 年代末期那個多頭狂奔的時期,他很清楚地看到銅礦股的漲勢已到盡頭。沒多久,汽車類股也走到最高點。由於這兩個類股的多頭已死,他很快就得出一個錯誤結論:可以開始放心大膽地放空所有股票。

他於是依此錯誤結論操作,造成財富損失,讓他事後耿耿於懷。他自銅礦及汽車類股歡呼收割的財富,遠不及接下來那六個月為尋找公用事業類股頭部所損失的金額。最後,公用事業類股和其他類股的確也做頭而下。

當我們清楚地看到某一類股的變動時,就操作那個類股。絕對不要讓自己拿這一套去操作其他類股,除非清楚地見到後者也出現

同樣信號。要有耐心，且要能等待。假以時日，第二類股會像第一類股那樣給我們相同暗示，但就是不能以偏概全。

1929 年大蕭條時期的那一次，李佛摩太早翻空了。他看到汽車類股彎頭向下便立刻開始放空。在他終於找到正確的反轉關鍵點，看到其他領導股也翻轉向下，並一路跌落大蕭條谷底之前，他的損失超過 25 萬美金。他在當時那個正確時刻大舉放空，並加碼所有空方部位。在 1929 年市場崩盤期間，賺到前所未見的大筆財富，他甚至被媒體和一般大眾歸罪為崩盤元兇。他說：「這完全是胡說八道，沒有任何一個人能夠讓市場做出它不想做的事。」

把投機看得困難一點

一位美國大企業主席曾經告訴李佛摩一支明牌，說該公司有轉機，季報數字會比預期還要好，股票要開始上漲了。他喜歡這位主席，而且相信他，因此隔日就買了 1000 股來試試。公布的獲利數字真的一如該主席所言。股票漲勢相當不錯，接下來三季的獲利還會繼續往上爬升，股價也穩定上漲。隨著股價持續往上漲，自然產生了安全感。接著，它突然停下來，並直直往相反方向，像是瀑布一般跌落。

他打電話給那位主席，詢問到底發生什麼事。主席回答他，股票下跌，只不過是正常的回檔修正，畢竟這股票一直穩穩往上走也

接近一年了。他問主席業績情況如何？主席說，業績是有一點點下滑，然而這消息可能洩漏出去了，空頭逮到這個消息，因而出手打擊股價，故這應該是空頭放空偷襲的結果。他問主席，是否您們這些人在賣股票？主席回答他，絕對沒有！但他稍後發現，可以確定的是這些內線消息的提供者，打從風聞業績暴跌的那一刻起，就已經忙著在大賣持股。

投機是李佛摩的事業，他畢生的志業，以及他最鍾愛的事情。解決難題是令他嚮往的工作，金錢絕對無法解決難題，金錢是解決難題後所獲得的報酬。在他這輩子中出現過幾次破產，都是沒能解決難題的懲罰。最令人迷惑的是，在市場上交易看似簡單，但實則卻是最困難的事情之一。預測趨勢不是件容易的事，它之所以如此困難，全是因為「人性」，而控制和征服人性是最困難的工作。李佛摩常這樣告誡自己的小孩，當他破壞自訂的規則時就會賠錢，只要他遵守自己的規則就能賺到錢。

李佛摩從來沒有為這件事生氣，是他自己愚蠢、貪心。他知道所有的重要主管，基本上都是公司的啦啦隊隊長，他們必須保持樂觀，必須只報喜不報憂。他們絕不會告訴股東或競爭對手好景不再的訊息。事實上，每次聽他們說謊，他都莞爾一笑。這些虛偽的說法和謊言，不過是為了自保，是執行長工作中最重要的一部分，無論其權力大小皆如此。

主管該關心的是要如何自保,而不是公司的股東。因此在他幾度損失不貲之後,他再也不會詢問內部人士有關其公司業務的情況了。幹嘛浪費時間去聽這些半真半假且有所隱瞞的事情。他可以自己盯著股票表現,為何要去聽這些不正確的訊息傳播,看著別人臉不紅氣不喘地說瞎話。股市表現就蘊含著清晰的來龍去脈,真實情況每個人在報價紀錄中都可以看見。

李佛摩曾因缺乏耐心且疏忽交易時機,錯失百萬進帳,每次講起這件事時他仍感到無地自容。當時他十分看好棉花,認為棉花會上漲,但市場還沒有上漲跡象。然而就在得到上述結論後不久,他就急急忙忙地一頭栽進棉花裡。

他的第一筆交易是買進 2 萬包棉花。在沉寂的市場裡丟進這張買單,一下子把成交價往上推升 15 點。就在他最後 100 包買進後,價格在 24 小時內又跌回到當初進場的原點。這次交易之後,棉花毫無動靜地沉睡了好幾天。終於他感到十分厭煩,於是出清手中的棉花,包含佣金在內帶著 3 萬美元損失出場。當他賣出最後 100 包棉花時,理所當然地以該次回檔的最低價成交。

過了幾天之後,棉花再度引起他的興趣。他無法忘記棉花,也沒有改變看好棉花後勢飆漲的初衷。於是他再次買進 2 萬包棉花。同樣的事情又再度發生:他自己下的買單將成交價一路推高,一買完,價格立刻跌回原點。再一次令他心煩的等待,於是他再度出清

部位，最後一筆又是賣到最低價。

6 個禮拜之內他重複了 5 遍，產生鉅額損失的操作。每一筆損失都在 2.5 萬到 3 萬美元之間，總共損失將近 20 萬美元。他對自己萬分嫌惡，再也不想看棉花行情，以免受不了誘惑。鬱悶的心情弄得他無法清晰思考，而從事投機的人是必須時刻保持頭腦清醒的。兩天後，就在他對棉花完全心灰意冷時，漲勢發動了，頭也不回地直接上漲 500 點。在這段令人側目的漲勢中，只發生一次幅度達 40 點的拉回。他錯失了一次迷人且程度超乎他個人想像的狂漲之旅。

追根究柢，原因有二：

- 他沒有耐心等到心理時機來臨，光看價格就決定開始操作。他缺乏等待的意志力。儘管買點未到，卻自認可以在很短的時間內賺進一點額外的利潤，而在市場準備完成前，他就採取行動。這麼做的結果，不但使他損失接近 20 萬美元，另外還要算上該賺沒賺的 100 萬美元利潤。
- 只因為沒有遵循良好的投機程序而導致判斷失誤，他便縱容自己對棉花市場感到憤怒與厭惡。他之所以會產生損失，完全是因為缺乏等待的耐心。他應當耐心等待，讓自己原先預測的想法和計畫能支持自己等到正確時機來臨。關鍵點技巧能夠掌握正確的交易時機。

李佛摩說他沒有做完伯利恆鋼鐵的整個漲勢。在關鍵點抵達200、300，以及令人頭昏眼花的400美元時都重複相同操作手法，但沒有做完整個走勢，因為他期待著會出現空頭市場中會發生的走勢：股價跌破關鍵點後，並一路往下走。他說：「每一次只要失去耐心，還未等到關鍵點出現就介入，以求賺取暴利的結果，幾乎總是落得賠錢收場。」然而最重要的事情，就是細心地抓出介入時機。缺乏耐心必定付出慘痛代價。

他學到一件重要的事，就是密切注意股票越過關鍵點後的後續發展。他發現確定反轉後，應出脫持股。最容易出現的一種狀況就是當股票越過關鍵點後，就變得欠缺力道。他多次在這種情況出現時，出脫手中部位，並站到市場的另一邊開始放空。這裡的解決方案就是學會辨識假突破的型態。

投資賺錢是件很難的事

是市場決定輸贏，不是希望、貪婪和恐懼

在股市裡，希望和貪婪及恐懼總是一路上形影不離，且輪番上陣。一旦下手做交易，希望就跳進生命之中。懷抱希望是人的天性，我們傾向正面思考且期待好事會發生。希望是人類所具備的一項重要生存技巧，但是希望就像無知、貪婪和恐懼等股市近親，全

都在扭曲你我的理智。股市裡只有事實和理智，而且股市永遠不會錯，只有操盤人會出錯。

就像輪盤旋轉的最後結果由那顆小黑球決定，不是貪婪、希望和恐懼。結果是客觀的，而且它是最後的結果，不得上訴，大自然法則就是如此。人性弱點是操盤手的天敵。做好情緒管理後，操盤手才能過得了希望、貪婪和恐懼的難關。

李佛摩也會根據直覺出脫持有部位，然而那其實不是什麼直覺，應該是他在市場上操作多年所累積而成的潛意識。當他買進一檔股票時，心中對它未來的表現自有一套定見，如果它沒照預定的劇本走，或不立刻往上走，他通常會頭也不回地賣掉部位。當他買進時就預期它會有所作為，它的不符預期就是明證，足以令他出脫持股。如果他在一筆交易上損失超過10％，就會立刻出清。他從不為自己找藉口，股價下跌這個事實就足以構成出場理由。

永遠都要記住，股市裡沒有任何規則堪稱鐵律。股市投機客的主要目標是試著讓盡可能的有利因素都往自己這邊靠攏。而且就算做到這個地步，股市操盤手仍然時常出錯，他也必須用認賠出場來做回應。違反人性的風險管理，是操盤的困難點。

如果投資人知道如何判讀證據，正如鑑識人員檢視犯罪現場的種種細節，別人根本都看不到的線索，他們會看得很清楚。他們唯

一要做的就是觀察市場在透露什麼樣的訊息，並且加以評估。答案就在市場的種種狀況之中，困難點在於要能對它們做出適切解讀。李佛摩對兒子說：「這就好比一個偉大的偵探偵辦著一件沒有完結篇的案子，因為永遠無法窺得全貌。」

李佛摩避開弱勢類股中的弱勢個股，而且他偏好強勢類股中的強勢個股。當各項因素對操盤手不利時，操盤手必定有意願也有能力可逐日根據行情修正自己的預測與部位，並快速行動。

有一件非常重要的事情，那就是每一筆加碼買單的價格，都要比它的前一筆高。同樣規則當然適用於放空，只不過每一筆空單成交價都得低於它的前一筆。對沒有經驗的投機客而言，最困難的部分在於每一個部位的成交價在節節升高。為什麼呢？因為每個人都會貪小便宜。每一筆交易的成交價升高是違反人性的，大家總想要買在底部並賣在頭部。心裡再如何掙扎也敵不過事實，不要滿心期望，不要和行情報價爭辯，因為它永遠是對的。在投機的領域中，沒有希望、揣測、恐懼、貪婪、鬧情緒的空間。股價的表現就是事實，但投資人的詮釋則常常隱藏著謊言。

▌跟趨勢操作，市場總走在消息出來前

一般投資大眾需要別人來領導、接受指示，讓他人告訴自己該怎麼做。他們需要再三保證能成功。他們總是一起行動，因為他們

需要同伴帶來的安全感。他們害怕一個人獨處，因為投資人的信念是身在團體中比較安全。事實也正是如此，跟隨趨勢移動的確比較安全。李佛摩總是沿著最小抵抗線操作，也就是跟隨趨勢操作，所以在多數時間他是和群眾一起行動的。

當「趨勢轉變」開始發生的時候，也就是整體市場方向要改變的那個點，才是最難掌握的部分。李佛摩總是在努力尋找改變的蛛絲馬跡，但是他也總是做好準備，隨時要讓自己脫離眾人的集體想法，而往相反方向走，因為他相信風水輪流轉，就像人生有起有落。

一般投資大眾相信股市是一條賺錢捷徑，他們有多餘的錢可以投資，而且相信股市應當為他們的投資增值開一扇方便之門。實情並非如此，李佛摩觀察那些沒有股市知識卻堅持玩股票的人，通常他們的下場是在很短的時間內就賠掉自己的錢。切記要在股市中獲得成功，最重要的就是知識和耐心。很少有人在股市獲得成功，因為一來沒有耐心，再來通常對股市一竅不通，最後還想一夜致富。

任何認為成功仰賴機運的人最好離股市遠一點，這樣的人打從一開始就態度錯誤。所有人都必須認清，想在股票市場顯露身手，和從事法律與醫學行業一樣，必須做足研究和準備。股票市場的一些特定規則必須仔細研究，就像法學院學生準備上法庭那樣。許多人將自己的成功歸功於運氣，這不是真的，事實上李佛摩從 15 歲開始就一心一意地研究這門學科。他的生命都奉獻給了它，畢生專心

且竭盡所能。

想根據眼前的經濟消息或時事來預測市場走勢，都是愚蠢的行為，因為市場早已把這些因素都列入考慮了。但這並不代表李佛摩藐視這些事實，或不知道它們的存在，他對所有的世界大事、政治事件和經濟事件都知之甚詳，但這些事實不是他可以拿來「預測」市場的事實。

在市場走過之後，財經專家會把它們「合理化」成種種後見之明。當一切塵埃落定後，歷史學家會把這些經濟、政治等世界大事解釋成造成市場之所以如此這般的真正理由。但這時候想要賺錢已經太晚了。

企圖尋找市場走勢的背後原因，通常只會徒增情緒困擾。顯而易見的事實是，股市總是走在經濟新聞前頭，它不會隨經濟消息起舞。股市活在未來，而且根據未來在運作。例如有一家公司公布很棒的獲利數字，但股價卻下跌，為什麼？因為市場早已將那些獲利數字列入考量，反應在股價上。

除了交易時機和資金管理之外，情緒控管也是很重要的。知道該做什麼是一回事，是否有足夠意志力去切實執行又是另一回事。股票市場如此，生活亦是。李佛摩明白這一點，認為嚴守紀律去遵循自己的原則是很重要的。

沒有明確、清楚及千錘百鍊原則的投機客,是不可能會成功的。原因在於沒有計畫的投機客,好比沒有策略的將軍,根本缺乏可行的作戰方針。沒有一個清晰計畫的投機客,只能在股市的刀光劍影中一邊閃躲一邊出招,直到終於倒下為止。

如果要投機,就該全神貫注

當大波段行情大搖大擺地往前行時,絕大多數人總是站在錯誤的那一方。總想著自每一天的價格變動中賺取利潤的投機客,永遠都無法自下一個重要的市場變動中獲利。在你我什麼也不做的時候,那些自覺天天必須殺進殺出的投機客正在為我們的下一趟冒險之旅打下基礎。我們將自他們所犯的錯誤中歡呼收割。投機會教人窮忙不停。多數從事投機的人在號子裡流連不去,成天都有接不完的電話,到了下班時間還有參加不完的行情討論聚會。報價系統上的畫面整日盤據心頭。他們對那一點點的上下變動是如此熱中,以致錯失大波段行情。

要克服這樣的弱點就必須做股價走勢紀錄,研究自己所做的紀錄,並將時間因素很小心地列入考慮,以了解這些價格變動是如何發生的。交易記錄,親力親為,視投機為事業,才能發現自己的錯誤並及時更正。

股市是全世界最大的金礦,就坐落在曼哈頓島下方,這件事可

不是只有李佛摩一個人知道。這個金礦天天開門，邀請所有人進來一探究竟，只要有本事，就能推著裝滿金條的獨輪推車離開，而他就真的這樣做過。這座金礦好端端地在那裡，他相信每天都有人會去一探究竟，當一天結束的鈴聲響起之時，有人會從乞丐變王子，從王子再變君主，又或者一文不名地宣告破產，而它永遠都在那裡，痴痴地等著想發財的人出現。

成千上萬的人在股海中投機，卻只有極少數人把全部時間拿來研究投機的藝術。但就李佛摩個人之所見，它是一項全職工作，而且或許不僅僅是一個工作，還可能是一種專業，然而多數人中只有少數人會突圍成功。

投機制勝之道沒有別的方法，惟有辛勤工作，且不斷地辛勤工作而已。若是我們周遭有任何容易錢可賺，沒有人會奉送給他人，這一點李佛摩很明白。他的滿足來自打敗市場與解決難題。金錢就是報酬，但這不是他喜愛這個市場的主要原因。股市最棒的地方在於裡面有最複雜的難題，而解決難題後就會帶來最豐厚的獎賞。

怎麼做才能賺到錢

避開廉價股，挑選健康強勁的產業類股

連有經驗的投機客也會常犯的一個大錯誤，就是買進廉價股票，就只因為它們的價格低。雖說在某些情況下，股價在需求的推升下的確有可能從 5 或 10 美元的低價上漲到超過 100 美元，但大多數這類低價股沒過多久便會被列入清算管理，為世人所遺忘。再不然也只能年復一年苟延殘喘，股東們指望回本的希望十分渺茫。

對投資人而言，選股時的首要之務是找出前景最看好的產業類股，區分出哪些類股氣勢最強，哪些則相對不那麼強勁、比較弱或是相當疲弱等。投機客不該只因為這檔股票看起來很便宜，便一頭栽進蕭條產業類股中的廉價個股。

目光要放在健康強勁的產業類股身上，追逐主流股並且挑選強勢股。

投資任何一檔股票都要求至少有機會賺到十點的利潤。專注在最強勢的產業類股，並從這些產業類股中找出最強勢股票。將「點數」看成交易中的關鍵，他對低價股和高價股沒有偏見。他只知道，當一檔股票由 10 美元上漲到 20 美元時，代表獲利百分之百；而另一檔股票由 100 美元上漲到 200 美元，總值也同樣增加百分之

百。重點在於找出目前的主流股，並且辨識出在一邊等著取代眼前主流股的未來新領導者。

在市場方向產生重大轉變的那段時間，最最要緊的一個觀察重點在於辨識會被淘汰的主流股，並找出會在未來引領風騷的新主流股。依照李佛摩個人的觀察，最好的方式是追隨最強勢類股中最強勢的股票，不要看那些廉價或走勢落後的不入流股票。永遠追隨最強類股中那檔最強勁又最有影響力的股票。

李佛摩從不理會內部人士、董事及管理階層所採取的行動。內部人士通常對自己的股票判斷力極差。他們知道太多，關係也太密切，以至於看不出自己的缺點。重要高階主管大多對股市是無知的，尤其不懂股市的技術指標和集體行動特性。他們不願承認股市和他們所經營的事業，是截然不同的兩碼子事。換言之，各位可能是無線廣播或汽車專家或鋼鐵製造商，但各位對股票交易，特別是在一個變化多端的股市中交易中，也許仍舊一無所知。

大多數公司執行長的行為，其實和啦啦隊長沒什麼兩樣，他必須向股東再三保證情況一切良好。如果業績下滑，他就會向股東說業績下滑是由某個暫時性原因所引發的一個小問題而已；如果獲利數字下跌，他就會向股東保證公司已經採取因應措施，並且有完善計畫重振獲利能力，因此沒什麼值得擔心的。

李佛摩絕不是只讀頭條新聞而已。他看得很仔細，尋找可提供他重要線索的小新聞，特別是有關產業或個股由衰轉盛或由盛轉衰的報導。頭條新聞是給傻瓜看的，好的投機客需要看的是報導背後的東西，並觀察實際的後續發展。

通常那些充滿誤導性的報導，是特定人士或經紀商安排日程偷偷布置出來的，他們不僅是利用好消息賣出股票，而且希望在持續出貨的過程中吸引大眾繼續投資這檔股票。

李佛摩的桌上有三具黑色電話機，一具直通倫敦，第二具接通巴黎，第三具則直接連線到芝加哥的穀物交易所。他要的是第一手且是最新的資訊，也願意花錢擁有。他知道打勝仗靠的是資訊和智慧。擁有最佳資訊與智慧的將軍，將最有可能贏得勝利。

他不需要任何戰爭的謠言，他只需要特定的正確資訊。

順勢操作能賺到錢，但要如何進行？

各位必須留意，某檔強勢股不見得是該類股中過去的那檔領導股。有時候，該類股中會出現一檔規模較小且妥善經營的股票來領導行情，也許是因為它推出的新產品打敗了老牌的領導股。不要從難兄難弟股中撿便宜貨，而是必須和主流類股中的領頭羊，以及表現最強勢的股票形影不離。

李佛摩認為應當針對市場龍頭股做交易,和龍頭類股中表現最強勁的股票並肩作戰。挑選該類股中走勢最強勁的股票,而不是最便宜或在等待敗部復活的股票。成功的操盤手永遠遵循最小抵抗線,也就是遵循趨勢,記住趨勢是朋友。

　　股價太高,並不代表它不會漲到更高;股價暴跌,並不代表它不會跌得更深。李佛摩從不在股價下跌時買進股票,也絕不在股價反彈時放空。因為下跌的時候,不會知道最後的終點在哪裡。買高賣更高,就是順勢操作。

　　市場的表現經常與投機客的預測背道而馳。這種情況發生時,成功的投機客必須捐棄成見,跟著市場的表現走。

　　精明的投機客不會和股價表現爭辯,記住,市場永遠不會錯,個人意見則經常都是錯的。

　　李佛摩在後半生時期,自己研發出一套著重股票交易時機的操作理論。藉著快速移動,避開股票長期擱淺動彈不得的窘境,資金也因此活絡起來。就像雜貨店老闆,手上有一項滯銷貨品一直放在貨架上。明智的老闆會出清那項商品,然後用那筆錢去購進賣得出去的貨,那是市場上熱銷的貨品。

　　把錢投資在領導股身上,投資在那些會動的股票。時間,是股

市操作中真正重要的因素。

▌資金流向就是動能指標

李佛摩進一步觀察到決定行情方向的不是數百萬人的想法或說法，重要的是他們藉由實際買進或賣出行動對行情所產生的影響，這一切會立即反映在報價紀錄上。

依照他的觀察，多頭市場的主要火力就是金錢，有多少銀彈可供使用，以及投資人的真實態度和情緒，而這些人經常是偏向買進或賣出股票。他總是盡所有可能追蹤金錢的流向。

如何解讀這些在您眼前魚貫而過數字的種種跡象，才是賺錢的重要關鍵。

特定人士經常利用媒體來吹捧自己手上的股票，藉此影響公眾輿論，並說服一般大眾和主力圈做出買進或賣出的動作。手中持股極多的人、主力和擁有內線消息的人特別會這麼做。

李佛摩總是對報紙上的訊息保持戒心。不管報紙上披露的訊息為何，他從不照單全收，他會試著去尋找它背後的意圖，以及藉著這則消息的曝光而圖利的種種企圖。他明白市場反映所有股民的態度，因而設法在字裡行間尋求真意，並形成個人的主觀判斷。

李佛摩使用兩種方式來解讀這類新聞：

- 他試著解讀它們對股市操盤手針對某一特定股票的看法與行動，可能產生的立即影響。
- 他觀察實際的股票報價表現，以便偵測出這些消息對整體類股之買進與賣出所產生的影響。

他對新聞事件的解讀常常出錯，但他永遠明白一點，如果令這則消息發酵的重要性分量足夠，那麼它終將會在股價上表現出來。經驗告訴他，客觀查看報價紀錄比較好，因為它能提供事實，訴說一般大眾對這則新聞的實際反應。報價紀錄所透露的事，比起股市老師或記者所能提供的指標要有用得多。訓練有素的操盤手會觀察報價紀錄，並只會根據報價紀錄所透露的訊息做出反應。學習解讀報價紀錄的方法，真理就在這裡，您得聽從。

投資這件事，要付出時間經營

他相信任何人只要夠聰明、夠謹慎，且願意付出必要的時間，那麼一定可以在華爾街獲得成功。只要他們認清股市和其他事業的經營沒有兩樣，那麼就有機會獲得榮華富貴。

所有股市大波段走勢背後，都有無法抗拒的力量在運作，成功的投機客必須知道的就只有這件事了，一定要明瞭真正的股票走

勢，並按此採取行動。

太過看重經濟新聞的一大問題是，可能會在心中植入「暗示」，而這些暗示可能會形成潛意識，並危害你我的股市情緒健康，讓我們無法面對真實世界。這些暗示常常都非常符合邏輯，但這並不代表它們是對的，也不代表它們會影響市場行情。

李佛摩確信市場總是會針對下一步要怎麼走，透露出線索。這些線索隱藏在市場的表現之中，就在市場的所作所為之中，而不是存在於預測的情節裡。就某種形成而言，我們必須像偵探一般，根據所看到的事實去解決難題。但是，誠如優良的偵探那般，我們一定得尋找事實的證據，盡可能予以確認，找出有確證的事實，而這需要不帶情緒的分析才能達成。

李佛摩怎麼也搞不懂，為什麼大家會認為在股市裡賺錢很容易。我們全都有自己的事業，他從來不會要求賣水果的好朋友告訴他水果事業的奧祕，也不會要求賣車的朋友告訴他經營汽車業的祕訣。他從來沒有這種念頭，所以無法了解為什麼有人會問他，怎樣才能在股市裡賺些得來全不費工夫的錢。

他總笑著對自己說，他怎麼會知道某人要如何在股市裡賺到錢？他總是逃避這個問題。這就好像問他，他怎樣才能利用腦部手術賺些外快，或他要怎麼做才能靠為謀殺犯辯護輕鬆賺點錢？

他從自己的經驗得知，即便是試圖回答這些問題，都會對個人情緒造成影響，因為必須採取堅定立場，並捍衛自己的思想。然而事實是隨著市場情況轉變，答案可能在明天就變得完全不一樣。

投資人總是談論著他的直覺，特別是在聯合太平洋事件與舊金山大地震之後。然而，李佛摩從不認為自己的直覺有什麼特別，經驗老到的投機客直覺其實和農夫的直覺無異。事實上，他認為農夫是全世界最大的賭徒，他們年年栽種植物，針對小麥、玉米、棉花和黃豆的價格下賭注，對氣候和昆蟲下賭注，穀物的需求是無法預測的，還有什麼比這個更投機。此一原則適用於所有行業。因此，在種植小麥和玉米、畜養牛隻、製造汽車或腳踏車20、30或40年之後，專業人士自然會有自己的第六感或直覺，對自己所從事行業的經驗預感。他自己和這些人完全沒有差別。他和大多數投機客唯一不同之處是，當他感覺自己真的對了、完全正確、絕對正確時，就會卯足全力一路走下去。

在1929年大崩盤時，就是這樣的作法，他有100萬股的空方部位，每一點的上下波動對他而言，就代表100萬美元的浮動。就算在他那個最大規模的輸贏之中，驅使他前進的從來就不是金錢。

遊戲的本身，難題的解決和在遊戲中獲勝的想法，困惑著人類歷史上所有偉大的靈魂。對他而言，他的熱情、挑戰和興奮，全都投注在打好這場遊戲——這場對所有在華爾街投機的人而言，充滿

活生生勁爆謎樣難題的遊戲。它或許正像是一場戰爭，牽動所有情緒和五臟六腑，所有知覺都被推向極限，賭注相當高。

操盤經典與台股案例

操盤經典

李佛摩離開丹尼爾・威廉森（Daniel Williamson）的辦公室之後，研究了整體情勢並剖析自己的問題。李佛摩看得十分清楚，這是一個多頭市場，成千上萬交易者都能看清這點。威廉森只給了他買 500 股的額度。他受到嚴重限制，根本沒有半點失誤的空間，甚至是最輕微的回檔也能將他掃出場。他必須打從一開始就建立起操作資金，第一筆購買的 500 股一定要賺錢，他迫切需要賺到錢。除非有了充足資金，否則他是無法好好地運用判斷操盤。沒有充足的保證金，他不可能抱持著冷靜的心態，來面對投機遊戲。他必須經得起一些小損失，就像他在大舉下注之前，總是會先試探市場，而當時出現些小損失乃稀鬆平常之事。李佛摩的經典名言，「打從一開始就是賺錢的」「一出手總是滿載而歸」，就從這裡來的。

他發現，當時他正處在投機生涯中的危急存亡關頭，要是這次再度失敗，他實在不知是否還有重新籌集資金捲土重來的機會。很顯然地，他必須耐心等待最佳時機來臨。為了克制自己，他不去威

廉森—布朗公司（Williamson & Brown）。他刻意遠離他們，並專心研究6周的報價帶。如果去了威廉森—布朗公司，他擔心經不起誘惑買進500股後，很可能會在錯誤的時間點買進錯誤的股票。作為一個交易者，不但要研究基本情勢，記住市場過去的走勢，考慮群眾的投機心理和他們經紀人的種種限制，還必須了解自身，克服自己的弱點。他已經領悟到，了解自己和解讀報價帶是同等重要。在活躍市場中，他對自己的衝動或難以避免的誘惑，進行研究和思考。李佛摩知道環境對自己操盤的影響程度。他說明想要操盤成功，了解自己、克制自己、對人性的領悟，跟了解報價帶都是一樣重要的事。

就這樣日復一日，已經破產但急於恢復交易的他，坐在另一家經紀公司的行情報價板前研究市場，不放過報價帶上的每一個變化，等候著全力衝刺的最佳時機。在1915年初的關鍵日子裡，股市受到戰後全世界都知道的原因而上漲，當時他最看好的股票是伯利恆鋼鐵（Bethlehem Steel）。他確信第一次世界大戰爆發，鋼鐵材料需求增加，鋼鐵股易漲，伯利恆鋼鐵會上漲，但為了確保出手時萬無一失，他決定等它突破面值100美元時再出手。根據他的經驗，每當一檔股票首次突破100、200或300美元時，就還會繼續上漲30至50點，而且突破300美元之後的上漲速度會比突破100美元或200美元時更猛且更快。此次李佛摩再次運用「整數關卡操盤法」累積操盤本金。

他眼睜睜地看著伯利恆鋼鐵如他預期地上漲，每天都在上漲，而且越漲越高，但他必須極力克制自己，不要衝動地跑到威廉森—布朗公司並買進 500 股股票。他知道，必須第一次出手交易，就要成功獲利才行。伯利恆鋼鐵這檔股票每上漲 1 點，就意味著他錯過 500 美元利潤。一開始的 10 點漲幅意味著，要是他早動手現在就能加碼了，他將不只持有 500 股，而是可能已加碼到 1000 股。每上漲 1 點，他就可以賺進 1000 美元，但他依然不動如山，完全不理會心中的吶喊。只要籌到一大筆資金，他就能掌握機會進場交易了。但如果沒有這一大筆資金，即使是極微小的機會，對他來說也是可望而不可及。經過 6 周耐心等待，情緒管理即將成功，知識終於戰勝貪婪和希望！

當伯利恆鋼鐵突破 90 美元時，他的心開始震動，他極力看好這檔股票，竟然沒有放手買進。當它漲到 98 美元時，他對自己說：「伯利恆將突破 100 美元，一旦它突破 100 美元，將繼續往上漲！」報價帶所顯示的再明白不過。當報價帶上的數字還是 98 美元時，他已經看到 100 美元，而且他知道這數字不是出自希望和心願，而是研讀報價帶的本能在呼喊。因此他對自己說：「不能等它突破 100 美元，必須馬上動手。它現在和突破面值已經沒什麼區別。」

他奔向威廉森—布朗公司，下單買進 500 股伯利恆鋼鐵。當時的價格是 98 美元，而他的單子成交在 98 至 99 美元之間。接著該股就開始飆漲了，他記得當天收在 114 或 115 美元。他又買了 500 股。

Chapter 2 賠光再賺回技巧 | 67

東山再起

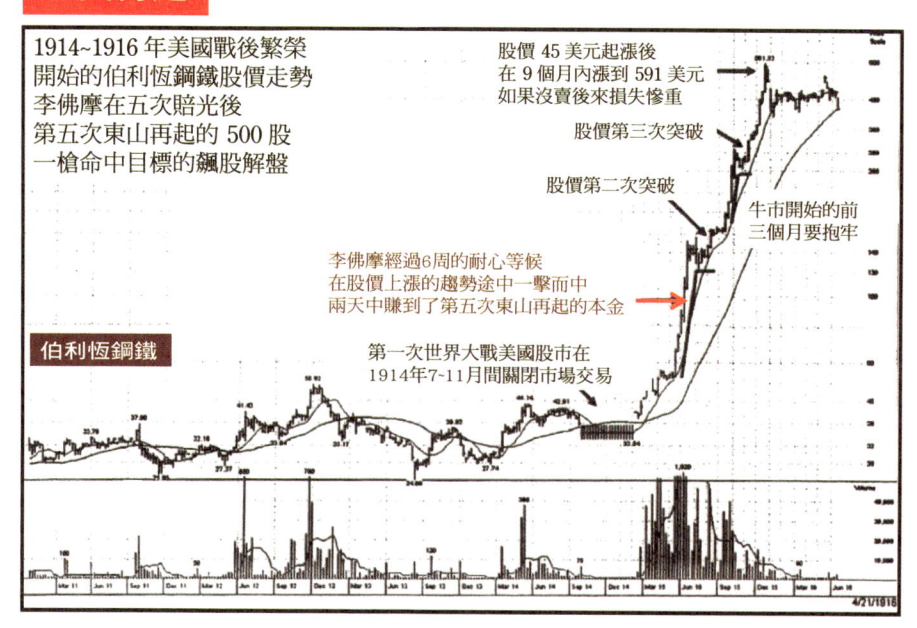

1914~1916年美國戰後繁榮開始的伯利恆鋼鐵股價走勢
李佛摩在五次賠光後
第五次東山再起的 500 股
一槍命中目標的飆股解盤

股價 45 美元起漲後
在 9 個月內漲到 591 美元
如果沒賣後來損失慘重

股價第三次突破

股價第二次突破

牛市開始的前
三個月要抱牢

李佛摩經過6周的耐心等候
在股價上漲的趨勢途中一擊而中
兩天中賺到了第五次東山再起的本金

伯利恆鋼鐵

第一次世界大戰美國股市在
1914年7~11月間關閉市場交易

1912 年 9 月到 1916 年 4 月，伯利恆鋼鐵的股價周 K 線走勢圖

圖 2-1　東山再起，伯利恆鋼鐵突破百元關鍵點，賠光再賺回

保證金交易的獲利，雖沒有平倉，是准許被動用的，故此時李佛摩操作的股票已獲利，便可以再多買。隔天，伯利恆鋼鐵的價格為145美元，他的籌資大計成功了。這是他應得的。在出手買進伯利恆鋼鐵之前的6周期間，是他這輩子最難熬且身心交瘁的日子，但耐心等待非常值得。區區500股的資金，他什麼事也辦不成，現在他已經有足夠資金進行大規模交易了。

▍台股案例

想要練會「賠光再賺回」的技巧，就要練會「追隨主流股」。圖2-2的案例是貨櫃輪主流股萬海航運（2615）上漲波段結束一年後，AI主流股緯創（3231）又領漲一波。重點是：主流股是會物換星移的。賠光要賺回要靠主流股。若是萬海賠光，就要靠緯創再賺回。

專心致力研究當時表現最突出的股票。假如無法從表現領先的熱門股身上賺到錢，就別想從整個股市裡賺到錢。正如女子身上的服裝、帽子與珠寶配件，永遠都在變一樣，股市中的主流類股也是此起彼落地變換。隨著物換星移，新的領導股升起，舊的領導股會隕落，只要股市存在一天，這樣的情況就會繼續下去。

Chapter 2 賠光再賺回技巧 | 69

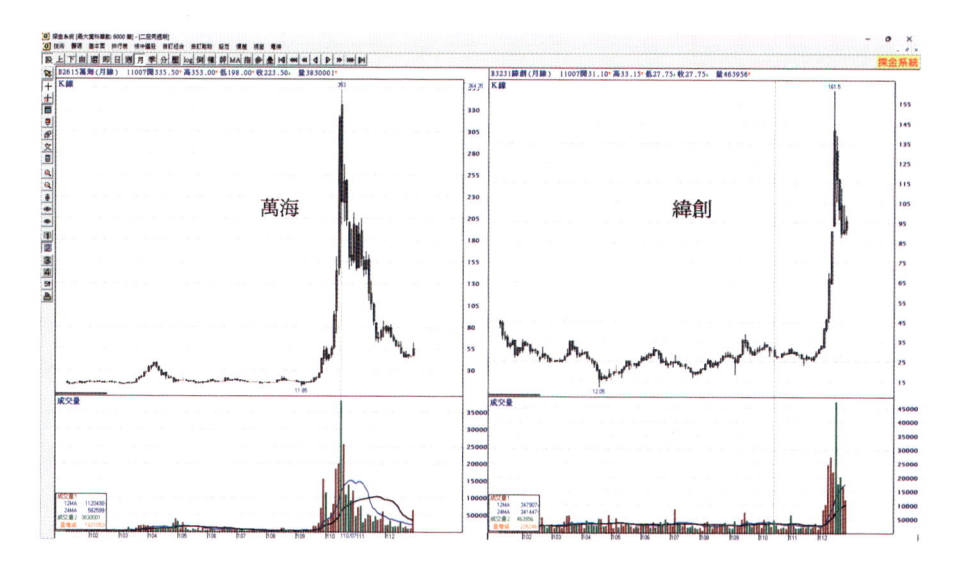

圖 2-2 賠光再賺回的台股案例

本章小結

一般投資大眾進入投資市場，第一件事想的就是「我要怎麼做，才能賺到錢」。因此證券相關行業，傾向用「這樣做，就能賺到錢」或是「學會這一招，就能賺到錢」的宣傳文案吸引投資人。

書店的書架上充斥著如何買賣、只要這樣那樣做就能賺到錢的書籍。至於開宗明義地告知投資一定會賠錢，傳授如何停損、做好風險管理的書籍，連一成都不到。

事實上要學會賺錢的第一步，是先學好「如何賠錢」。多年來上課的經驗告訴我，學生一開始的提問都是一樣的，「老師，我是來學賺錢的，不是來學賠錢的。」其實真正的道理是，只要買賣交易，就一定會錯，一定會賠錢。要長期持續穩定獲利的源頭是：賠少賺多，賠的時候賠得少一點，賺的時候賺得多一點。

因為要扭轉一般人對投資賺錢的邏輯，故本章特地撰述「李佛摩的賠錢操作經驗」和「投資賺錢是件很難的事」作為起始，期望能對有興趣投資的讀者起到撥亂反正效果。

3
Chapter

股票的買賣時機

要正確地掌握股票的買賣時機，
先從基本功「交易紀錄」與「親力親為」開始練起。
成功的結果，來自執行適當步驟。哪些是適當步驟？
只有在交易紀錄裡，
透過事後回顧才能印證交易過程中的適當步驟。
藉由不斷回顧過去成功的方法，增強信心，
才能將成功延續至未來。

從做交易紀錄開始

讓交易紀錄說話

　　多年前，加州山裡住著一位非常成功的投機客，他每天只能收到三天以前的報價單。每一年他會打二到三次電話給他位於舊金山的經紀人，下單買賣股票。投機客有一位朋友經常耗在經紀公司裡，對此人感到十分好奇，在了解到此人與市場的即時報價完全隔離，鮮少下山及必要時出手之重時，更加嘖嘖稱奇。

　　終於有一天，他與這個山裡的投機客碰了面，便問對方身處深山如何追蹤股市脈絡？對方答：「他將投機視為事業，如果因諸事混淆而令自己為枝微末節的變動分神，必然會失敗。所以喜歡離市場遠一點，讓自己能夠思考。」

　　由於將發生過的價格變動做成紀錄，這讓投機客對市場現況有十分清楚的看法。真正的走勢不會在它開始的那天就結束，真正走勢的結束需要一些時間。因為住在山上，他可以給它們足夠時間，但是當他發現報紙上的數據明顯與一段時間內的相同變動不符合時，會立刻決定進城忙碌一下。

　　這是一件發生在多年前的事了。這個山裡人在很長一段時間裡，不斷地從股市賺走龐大資金，這多少給了李佛摩一些靈感。他

比以前更加努力將蒐集到的所有資料與時間因素加以整合。經過不斷努力，他的資料已經能夠井然有序地幫助他，以令人訝異的準確度協助他預測未來走勢。

李佛摩說初次做紀錄後，發現對他助益不大。數周後他有了新想法，又開始躍躍欲試忙著做紀錄，但他發現結果雖比第一次所做的紀錄進步，但仍舊不能滿足心中的企望。一連串的新想法，讓他做出一連串不同的紀錄。漸漸地，他從這一大堆紀錄中發展出以前未曾有過的想法，接下來所做的每一個紀錄，開始顯現出越來越完善的結構脈絡。但是，一直等到他開始將時間因素併入價格變動之時，他的紀錄才開始會對他說話。從那時起，他用全新方法做紀錄，而它們也終於為他確切找出關鍵點，並告訴他如何利用它們在市場上獲利。

李佛摩檢視1923年度全部每一筆的交易紀錄。他的所有交易都有做紀錄，記下他的買進或放空理由，還有出場原因。他常常賠錢，就是想利用周末找出這一年來在某些交易中賠錢的原因。

市場若在一段時間內走勢一直很明確，這時的一則利多或利空消息，可能都無法在市場上激起半點漣漪，或是僅有暫時性的影響。這時的市場可能正處在一個過熱情況中，特定新聞的效應當然乏人理睬。

碰到這種情形，為過去類似情況所做的走勢紀錄，對從事投機或投資的人來說便有了非常寶貴的價值。在這個時候，投資人必須完全屏棄個人意見，將全部注意力投注在市場本身的表現上。市場永遠不會錯，個人意見則常常都是錯的。除非市場的表現與你我的想法相符，否則個人意見完全沒有價值。

李佛摩偏好做紀錄，原因在於做紀錄的方式讓他對即將要發生的事情產生一個清晰的想法。但是，得要加入「時間因素」一起考量，這些紀錄才能對預測未來的重要變動產生真正助益。

從交易紀錄找到勝算大的領先股，買在起漲點

一定要親自做紀錄。必須親自寫下那些數字，莫讓他人來代勞。此一作法所能產生的主見之多，將令你感到十二萬分的驚奇。它們是你的新發現，你的祕密，而你也應該拿它們當成您的個人祕密看待。

投資人可以相當正確地預測未來的重要走勢，但必須要有耐心才能做到這點。首先，要對個股和類股都十分熟稔。接下來，如果能將所做的紀錄與時間要素正確地連接起來，我們就會有能力確定重要股價變動的來臨。只要有能力正確解讀自己所做的紀錄，一定能自每一類股中挑出表現一馬當先的領先股。

當李佛摩從紀錄中看出上漲趨勢在醞釀時，他會在這檔股票經歷一段正常回檔走勢後再創新高價時立刻買進。當他要放空時，作法亦同。為什麼呢？因為他在「順勢而為」，他的紀錄對他發出信號，要他採取行動。他絕不在股票回檔時買進股票，也絕不在股票反彈之時放空。還有一個重點：如果第一筆交易已經讓自己蒙受損失，再做第二筆交易不過是有勇無謀。

藉著記錄股價，以及將「時間因素」列入考量，一定會有辦法找出許多可以介入享受急漲的關鍵點。但是，我們得訓練自己具備在這些時點上做交易所必需的耐心。我們必須奉獻時間來研究所做的紀錄，而且一切都要親力親為，依據自己的研究所得，標出抵達關鍵點的價位。

你會發現，關鍵點的研究會帶來令人難以置信的成果，它是個人研究的黃金境界。如果完全憑藉一己之力來挖掘你的個人發現，用自己的方式交易，運用耐心，而且對危險信號保持警覺，一定會發展出一套正確的思考模式。

李佛摩建議有志於股市的人，隨身攜帶一本小筆記簿，可以記錄有趣的一般市場訊息，或者可就此開發出自己的股市交易策略。他總是建議投資人，小筆記本第一則要寫下來的句子就是：提防內線消息──這包括所有的內線消息。

成功的果實,將與親自做紀錄、思考與做結論的誠意成正比。相信各位總不至於閱讀「如何保持健美」之類的書,卻將運動這件事交給別人來做吧!如果您想誠心奉行李佛摩所講的結合時間、財富管理與情緒控制的交易公式,切記,無論如何不能將做紀錄的工作委由他人代勞。

從事投資或投機,想要立於不敗之地,就必須要有指標來導引。李佛摩運用的指標也許對他人而言毫無價值,何以如此?如果這些指標於他是無價的,為何它們無法對各位發揮同樣功效?答案是:沒有任何一項指標可做到百分之百正確。如果他使用了一個最心愛的指標,他知道結果應當如何。如果股票表現不如他預期,他立刻就能確定時機尚未成熟,而他會將這筆買賣結束掉。也許幾天後,指標會告訴他可以再度進場,這時他會回頭再進場,也許這次就百分之百正確了。

不管是任何人,只要肯花時間耐心研究價格變動,假以時日必能發展出一套屬於自己的指標,用以幫助自己日後的投資。

用交易紀錄正確解讀資金流向,整合出思考模式

李佛摩經常躺在床上準備就寢時,腦海裡卻還不斷地想著為什麼無法預見某個立即會出現的走勢變動。次日凌晨天還未亮,他已醒來,心中有了一個新的想法,他等不及黎明到來,好讓他能著手

檢視自己對過去走勢所做的紀錄，以確定他的新方法是否真的有價值。

在多數情況下，這些新想法都絕非百分之百正確，但是好處是這些新想法都儲存在他的潛意識之中。也許，稍後又會有另一個新想法形成，他可以立刻加以檢視驗證。時候一到，這些各式各樣的想法就會開始清晰具體地呈現，因而發展出一套做紀錄的方法，利用這些紀錄來當他的指引。

投機會使人窮忙個不停。多數從事投機的人在號子裡流連不去，成天都有接不完的電話，到了下班時間還有參加不完的行情討論聚會。報價系統上的畫面鎮日盤據心頭。他們對那一點點的上下變動是如此熱衷，以致錯失大波段行情。不變的是，當大波段行情大搖大擺地往前行時，絕大多數人總是站在錯誤的那一方。總想著自每一天的價格變動中賺取利潤的投機客，永遠都無法自下一個重要的市場變動中獲利。想要克服這樣的弱點，就必須做股價走勢紀錄，研究所做的紀錄以了解這些價格變動是如何發生的，並將時間因素很小心地列入考慮。

李佛摩有接近40年的交易經驗，並且根據自己的大量經驗，巧妙地培養出個人的直覺。在所有情況中，透過交易紀錄，線索都十分明顯，清楚到好像在對他說話一樣。成交量對他而言是十分重要的，他像學生一般地仔細觀察賣出股票被吸納的方式，以及它每天

都會遭遇的抵抗情況。對他而言，成交量永遠都是關切之所在。

依照他的觀察，多頭市場的主要火力就是金錢，有多少銀彈可供使用，以及股市投資人的真實態度和情緒，這些人是傾向買進或賣出股票。他總是盡所有可能追蹤金錢的流向。

李佛摩進一步觀察到決定行情的，不是數百萬人的想法或說法，重要的是他們藉實際買進或賣出對行情所產生的影響，這一切會立即反映在報價紀錄上，問題在於如何解讀這些在眼前魚貫而過的種種跡象。

正如他先前提到過的，他有做價格紀錄的強烈衝動，它極可能是價格變動的指標。他幾乎接近狂熱地在做這件事，拚命地想要找出可幫助他預測未來走勢的起始點。他做紀錄，深信其中必然蘊含真正的價值，只等他去挖掘出來。這些紀錄告訴他，只要他願意用眼睛去看，就可以看到預測未來重大走勢型態的形成。

我們必須親力親為訓練自己做好交易紀錄，花時間來研究自己做的紀錄，依據自己的研究所得，標出抵達關鍵點的價位，然後需要耐心持續做，需要耐心等待到關鍵點出現。我們將會發現，關鍵點的研究會帶來令人難以置信的成果。用自己的力量挖掘個人的發現，用自己的方式交易，對危險信號保持警覺，一定會發展出一套屬於自己的方法來賺錢。

如何掌握交易時機賺錢

掌握交易時機，聚焦主流股

對股市走勢的研究應聚焦在當時最受矚目的話題上，也就是主流股。行情就在這裡，如果無法從走勢領先且活躍的重點股上賺到錢，就無法在股市裡賺到錢。這麼做會讓我們縮小操作範圍，也比較有掌握力，可以讓我們集中精神，並盡最大努力來操作股票。不要受到貪婪的驅使，以至於忙著想抓住股市的最高和最低點。

高股價的出現，不代表任何操作時機，高股價絕非出脫持股的時機信號。李佛摩說：「股價太高，並不代表它不會漲到更高；股價大跌，並不代表它不會跌得更深。」他從不在股價下跌時買進股票，也絕不在股價反彈時放空。

他認為應當針對市場龍頭股做交易，和龍頭類股中表現最強勁的股票並肩作戰。不要撿便宜貨，避開難兄難弟股，必須和主流類股中的領頭羊、主力介入、表現最強勢的股票保持形影不離。我們還必須留意，有時這檔股票不見得是該類股中傳統上的那檔領導股。有時候該類股中，會出現一檔規模較小且經營完善的股票來領導行情，也許是因為它推出新產品，所以打敗老牌領導股。挑選該類股中走勢最強勁的股票，而不是最便宜或在等待敗部復活的股票。

藉檢視大盤最小抵抗線來確定目前整體市場的走向。李佛摩從不使用「多頭」或「空頭」的用詞，因為它們會塑造出一種缺乏彈性的心態。他使用「最小抵抗線」來檢視目前的走向是正面的、負面的，或是中立的。在執行交易前，一定要檢視該股大盤市場的走勢，如道瓊、那斯達克或標普。在交易前最重要的一件事，就是確認該市場的最小抵抗線走向與自己的交易方向相符。接著檢視特定產業類股的走勢。先確認類股走勢是否在正確的方向上，最小抵抗線可以為我們所選定的交易帶來利潤。最後檢視選定個股與其姐妹股的走勢，並且相互比較。協力車操盤法要求操盤者將屬於同一類股的兩檔股票放在一起觀察。

成功的交易首重對產業類股走勢的了解。李佛摩表示：「隨著市場狀況調整個人心態，並獲取成功的最佳途徑，也就是針對產業類股做深入研究，區分出好壞類股。」只操作那些有希望的類股，出脫那些沒有希望的類股。華爾街一次又一次地上演這一幕，但投資人經常對眼前的強勢類股視而不見。他強調證券交易的最大考量就是檢視產業類股。

他避開弱勢類股當中的弱勢個股，而且他偏好強勢類股中的強勢個股。當各項因素對操盤手不利時，操盤手必定有意願也有能力，可逐日根據行情修正自己的預測與部位，並快速行動。

▌如何掌握關鍵點的訊號，正確採取買賣行動？

觀察姐妹股，運用協力車操盤法搜尋未來發展的線索。交易機會是等來的。

千萬不要只看一檔股票，一次要看兩檔，因為屬於同一類股的股票總是一起行動，追蹤兩檔股票會讓人信心大增，我們可以想像它們協力前進，彼此肯定。除非有兩個堅定的確認，否則出現的信號就不能當真，必須親眼看到姐妹股協力前進，這才是真正的確認。協力車操盤法讓李佛摩能對他手中的投資做適切的監控。一旦出手投資，李佛摩便會升高「警戒度」，並持續做出「充分的努力」，不僅每天觀察自己購買的個股，也會每天觀察它的姐妹股，用協力車操盤法來搜尋未來發展的線索。

關鍵點理論讓李佛摩得以在正確時機做買進動作。依照李佛摩的定義，關鍵點代表出手交易的心理時刻，而反轉交易點則是趨勢反轉的標誌。他從沒想過要在最低點買進股票，或在最高點賣出股票。他要的是在正確時刻買進，而且在正確時刻賣出。這樣的心態，讓他能耐心等候關鍵點交易情境的形成。如果他正在追蹤的某一檔特定個股沒有出現完全吻合的條件，他不會介意，因為他知道遲早另一檔他追蹤中的股票會出現適當型態。耐心、耐心、耐心，它是時機成熟的最大關鍵。

李佛摩一向認為「時機」是一個真實且重要的交易因素。他常說：「思考是賺不到錢的，坐著好好等才能賺錢。」許多人誤會這句話的意思，以為李佛摩會買進一檔股票，然後坐在那裡等行情展開。不是這樣的。許多時候，李佛摩是抱著錢耐心坐著等，等待完美的行情自行出現。當所有條件成熟，情況對他最有利時，他就會在這時候，而且也只有在這個時候，像條響尾蛇般施展致命一擊。

　　這套關鍵點理論適用於股票交易，也適用於商品交易。他從沒有把關鍵點交易這個方法當成是成功勝利的完美捷徑，但它的確是他交易策略中的一個「重要」部分。關鍵點也可以拿來對大盤或個股行情做心理預測。但是，除非市場確認我們是正確的，否則絕不要採取行動。不要期待市場會跟著你我的血汗錢走。在心裡對市場的未來走勢做預測是可以的，但一定要靜候市場出現那個確認自己判斷無誤的信號，也只有在這時候，才可以用自己的錢去採取行動。作為確認信號的關鍵點是十分重要的，但一定得等到它們上場演出才行。

　　對投機客而言，時機就是一切。絕對沒有「如果」股票要發動的可能空間，只有「什麼時候」要發動，還有往哪個方向移動，向上、向下或橫向。關鍵點是一種時機策略，李佛摩利用它來進出股市。要定義反**轉關鍵點**並不容易，他的看法是：它代表市場基本方向的**轉變**。它是新走勢開始的完美心理時機，意味著基本趨勢的重大轉變。

反轉關鍵點出現時，幾乎都會伴隨成交量大增，買進的人會一窩蜂湧進，與忙著要出場的人，陣陣賣壓短兵相接，操作方向相反時亦然。成交量增加是推斷關鍵點的重要因素，而且成交量一定要擴大，關鍵點才能獲得確認。這場買家與賣家的戰爭，將導致股票的方向反轉。這些重要的噴出量，經常使當日成交量比日均量暴增50到500個百分點。反轉關鍵點通常出現在朝一個方向走了一段長時間之後，這也是他認為必須要相當有耐心，才能抓住大行情的原因之一，我們需要有耐心才能找到真正的關鍵點。

　　李佛摩有一套測試的辦法。首先，他會送出「探測器」，先買進一小部分，看看這第一筆交易是否正確。他用來確認反轉關鍵點的最後一道測試，是檢視產業類股，至少檢視同一類股中的一檔股票，看看兩者走勢型態是否相同。這是他檢視自己是否方向正確的最後一道必要確認程序。

▎掌握交易時機，考量成交量

　　李佛摩相信最大的行情總是出現在走勢的最後兩星期左右。他稱之為最後的狂飆期，商品市場也同樣適用。再一次提醒，投機客必須要有耐心，坐在轎子上等。但是當買賣信號出現時，不管它是好是壞，投機客必須十二萬分警覺，隨時採取買進或賣出的行動。

　　一日反轉的信號對他而言是一個強烈信號，它是一個讓他睡不

著覺且提高警覺的信號。這種走法時常出現在長期行情末端。一日反轉的定義是，當天的高點要高於前日高點，但當日的收盤卻低於前一天的收盤價，且當日成交量也要比前一天大。

長期來看，除了知識之外，耐心比任何其他單一因素更顯重要。知識和耐心是攜手並進的。在買進股票之前，也必須要詳加審度，確定部位一切完善。唯一的買進時機就是知道它會上漲的時候，這時您應該擁有種種對自己有利的因素。這樣的情形很少出現，身為操盤手的您一定要耐心等待，正確的情勢遲早會形成。千萬不要因為手上的證券走勢緩慢而感到氣餒。假以時日，好股票一定會充分反應其價值。

李佛摩交易獲勝的一大原因是時機正確。他未曾停止探索改善與研發關鍵點理論、個人獨創的股價創新高操盤法、尋找產業龍頭及最佳產業類股。這些理論都是在累積許多經驗和努力後發展出來的。但是，他的苦難和挑戰永遠都是心理面的難題。

交投冷淡無法承受大量賣出的衝擊，需在交投熱絡的時刻出手，才能順利出脫。

李佛摩在每年年初時，總是會將他在股票及商品上的部位結清。他凝望著經紀公司送過來當年最後一筆的現金，大約 5000 萬美金。他對銀行經理愛佛列說：「不止這個數的，有時市場交投太冷

淡，無法承受我賣出的衝擊，如果沒有什麼意外的話，我會在接下來的幾個禮拜內陸續出脫股票，所以錢還會陸陸續續放到這裡保管。」愛佛列問他什麼時候會恢復交易，李佛摩回答，可能是二月。

對於大資金部位操作，要出脫股票，必須在有成交量下陸續分批出脫，故對李佛摩而言，成交量十分重要。他從報價系統紀錄中取得成交量數字，仔細觀察賣出股票被吸納的方式，以及每天都會遭遇的抵抗情形。

交易過程中的危險信號

股價從高點大幅滑落，一定事出有因

沒有人知道股價會漲到哪裡，會跌到哪裡。不要逆勢而為。

股市開始向下滑落時，沒有人知道它會跌多深。同樣地，當股市走大多頭時，也沒有人知道漲到哪裡才算是盡頭。

有幾個想法各位必須牢記在心，其中之一是絕不以股價看來過高，並以此作為賣出股票的理由。各位可能看著股價由 10 美元漲到 50 美元，因此就認定價格過高。然而，這時各位該研判的是有什麼因素會在獲利良好並管理完善的情況下，阻止該股價自 50 美元往上

爬到 150 美元？

許多人在漲勢走了一大段後，因「認定股價過高」而放空股票，因此損失不少財富。反之，千萬莫因股價自上一個高點大幅滑落而買進股票。儘管與過去相比，眼前的股價看來是處於相對較低水準，很可能這樣的回檔事出有因，說不定此時的股價仍舊嚴重高估。自高點跌下來時，只要跌幅過大，就是危險信號。

當危險信號招手時，應遵循正確的操作通則。

別死抱著股票直到它變調走味。在獲得可觀的利潤後，必須要保持耐心，但也不能讓耐心演變成一種漠視危險信號的心態。當危險信號在向我們招手時，千萬不能忽視它。我們既能有耐心地在該股持續進行時全程持股，這時就必須有勇氣及良好的直覺，尊重危險信號並讓到一邊去。

李佛摩並不是說這些危險信號永遠都是正確的，正如先前所提過的，沒有任何一項預測股價變動的法則是百分之百正確。但是若我們能一以貫之地遵行它們，長期累積下來的收穫必然十分豐碩。

明智的投機客會對危險信號保持警覺。說來奇怪，多數投機客遭遇到的難題，在於心裡存有某種東西，使得他們無法鼓足勇氣，在該出場的時候出清自己的部位。他們總是遲疑，並在遲疑不決的

當口，眼睜睜地看著自己承擔更大的損失。於是他們會說，下次反彈上來時，一定要出場。然而，當下次漲勢又起時，他們已忘了先前的計畫，因為在他們看來，市場現在的表現很不錯。誰知道這次的彈升只不過是曇花一現，很快就玩完了，並且繼續認真地往下探底，而他們卻因遲疑而身陷其中。如果他們能一貫地使用一種指標，指標會告訴他們該怎麼做，不但能省下許多財富，而且還能消除他們的憂慮。

當李佛摩見到有危險信號向他招手時，他不與之爭辯，先跳出去再說！幾天之後，如果一切看來萬事順暢，他隨時可以重新介入。他因此而省下許多憂慮和錢財。他是這麼想的，好比他正走在一條火車鐵軌上，看到一列特快車以每小時 60 英里的速度朝他衝過來，他不會蠢到不跳離鐵軌讓火車先過。等火車過去後，若是他願意的話，隨時都可以再走回鐵軌上。

▌注意不正常的走勢，也別頻繁進出

當股票出現明確走勢時，它會自動且具有一貫性地循著一定路線走下去。在走勢起始之初，我們會看到成交量大增，並且一連幾天股價有緩步推升現象。接下來，會出現一個李佛摩稱為「正常拉回」的走勢。在這個拉回出現時，成交量必須比前幾天上漲時呈大幅縮小。

既然這樣的拉回是正常行為,我們就不需感到害怕。但若此時出現不正常的走勢,就必須戒慎恐懼了。幾天之內,走勢會重新開始,量也會開始擴增。如果走勢是來真的,短時間內便可自那個自然的回檔中反彈上漲,股價將進入新高之境。該股應能持續好幾天的強勁走勢,其間僅會出現幅度輕微的一日回檔。它早晚會來到另一個需要正常拉回的價位。當這個拉回出現時,它必須與第一次的拉回情況相同,因為這是當股票有明確走勢之時,會出現的自然行為。超越前一個高點,到下一個高點出現的第一波走勢,幅度不會太大,但隨著時間過去,我們會發現它以極快速度往上衝。

在整個走勢的行進當中,只能有自然或正常的拉回。一旦突破出現前所未見的不正常拉回——李佛摩所謂的「不正常」拉回,是指一天內自同一天所創下的極高價拉回 6 點或以上,或發生一些會影響股市的不尋常事故時——代表危險信號在向我們招手,可千萬不能忽視。

股市永遠存在誘惑,在經歷一段時間的成功之後,投資人很容易就會變得失去戒心,過於野心勃勃。這時就需要有充分的常識與清晰的思路,以便能持盈保泰。不要縱容自己對整體股市不是完全看多就是完全看空,因為某些特定類股中的單一個股,就是會出現與一般市場趨勢背道而馳的表現。儘管其他類股中有某幾檔股票告訴我們,它們的走勢已經到了盡頭,我們在決定執行手中的交易前,仍應當耐心靜待時機的來臨。時間一到,這些股票自然會明確

地出現相同信號。這才是我們在等候的線索。

李佛摩以前有強烈欲望想打遍股市無敵手，整天全神貫注的結果讓他付出慘痛代價。頻繁進出的渴望，戰勝常識與理智。當然，他對第一組和第二組類股的操作讓他賺到錢，但是他因進攻信號尚未出現就跳入另一類股，反而吐出不少原先的獲利。

倘若我們不要過度樂觀，而且又有清楚的頭腦，堅決謹守可靠的交易原則，就能逃過損失財富的劫數。

無能的投機客所犯下的嚴重失誤真是數不盡，李佛摩已經警告過的一項是攤平損失。這是最常見的失策，千萬不要向下攤平交易成本。

他從經紀人那裡所得到唯一可以確定的信號，就是追繳保證金。當追繳保證金的消息傳到你我耳朵裡時，立刻結清帳戶，千萬不要去補足保證金。

如果在市場已經站錯邊了，既然已犯錯，何苦還要繼續將錢好端端往虎口裡送？把錢留著來日再用，不要繼續投入那個顯然已經失敗的交易，留著冒更有勝算的險吧！

注意不如預期、爆量反轉與脫序行為

觀察產業類股的集體行動，如果優勢類股中有某一檔個股沒能與其他股票連袂上漲，那麼很可能這檔股票是有問題了，因此它或許是很好的放空標的。

在關鍵點買進，是「恰好在行情即將展開時」介入交易的最佳時機。當投機客能確認某一檔股票的關鍵點，並判讀它在這一點上的應有走勢時，他在這時候介入會是從一開始就正確的行為。記住，採用關鍵點預測行情時，如果股票越過關鍵點後的表現不如預期，那麼它就是我們必須立刻給予關注的重要危險信號。每次李佛摩失去耐心、沒有等候關鍵點出現，進進出出地想賺點得來全不費工夫的利潤時，他總是賠錢。

操盤手應對手上沒有跟上整體類股漲勢的股票保持戒心。採用關鍵點預測行情時，如果股票越過關鍵點後的表現不如預期，這就是危險信號，必須立刻退出。

反轉關鍵點的出現，幾乎都會伴隨成交量的大增，買進的人一窩蜂湧進，與忙著要出場的陣陣賣壓短兵相接，操作方向相反時亦然。成交量的增加，是推斷關鍵點的重要因素。成交量一定要出現，關鍵點才能獲得確認。這場買家與賣家的戰爭，將導致股票的方向反轉。這些重要的噴出量，經常使當日成交量比日均量暴增 50

到 500 個百分點。

　　李佛摩總是對市場上脫離常軌行為留意觀察。對他而言，任何不符合自然表現的嚴重偏差，都算是脫離常軌。他關切尖頭反轉時的股價變化，以及量太大或量太小等所有脫離常軌的表現和不正常或不符合個股正常表現的走勢。對他而言，這些都可能是危險信號，而且通常是必須要出脫部位的信號。

　　一日反轉的信號對李佛摩而言是一個強烈信號，一個讓他睡不著覺且提高警覺的信號。這種走法時常出現在長期行情末端。他對一日反轉的定義是，當天的高點要高於前日高點，但當日的收盤卻低於前一天的收盤價，且當日成交量也要比前一天大。

　　此外，把全部部位都建立在單一價位上是錯誤且危險的行為。先決定好總共要交易多少股後分批買進這件事，非常重要的一個觀念是每一筆加碼買單的價格，都要比它的前一筆高。同樣規則當然適用於放空，只不過每一筆空單成交價，都得低於它的前一筆。

　　如果李佛摩買進一檔股票後，但表現卻與所想的相違背，他當然就會立刻賣掉。我們不可以停下來想著它所以朝反向走的「理由」。事實上，它正往錯誤的方向走，有經驗的投機客光憑這點就該結清出場。

如果總買進部位是 1000 股,那麼分批買進的每一筆交易,都要為投機客帶來一份利潤才行。每一筆交易都賺錢,是我們基本判斷正確無誤的證明,也就是股票確實往正確方向走,這也是我們唯一需要的保證。相反地如果是在賠錢,立刻就會知道自己的判斷錯了。

千萬不要只看一檔股票,一次要看兩檔。因為屬於同一類股的股票總是一起行動。追蹤兩檔股票會讓我們信心大增,我們可以想像它們協力前進,並彼此相互肯定。除非有兩者相互確認的狀況,否則出現的信號就不能當真。

我們必須親眼看到姐妹股協力前進,這才是真正的確認信號。協力車操盤法讓我們能對手中的投資做適切監控。一旦出手投資,就應提高警戒度,並持續努力追蹤,不僅每天觀察自己購買的個股,也要每天觀察它的姐妹股,用協力車操盤法來搜尋未來發展的線索。若是投資標的出現危險信號,同時其姐妹股也出現危險信號,這就確認反轉的可能性大大增加。

▍想像的獲利能力與逆向的偏見

李佛摩的兒子們曾問他一個重要問題:「為什麼您在股市裡做得那麼好,而其他人卻總是賠光?」他回答:「我也會賠錢。只不過每次賠錢時,我都會試著找出自己賠錢的原因。股市是需要費心去研究,不是隨隨便便就可以的,必須非常深入實質內容。」

在最終的分析結果中,只有獲利能力才能左右股價。但無論是真實與幻想的獲利能力都能影響股價。真實的狀況到頭來總是會為產業類股或任何特定個股的價格做出結論。獲利潛力會帶動股票走勢,但不是希望和貪婪這種情緒。

李佛摩的看法是,大多數人會費較多心力去採購家中設備或買車,買股票時卻省心多了。股市賺錢又快又容易的誘惑,使得人們在處理自己的血汗錢時變得愚蠢又大意,完全不像他們處理其他實體存在的東西那樣。

若是憑藉有根據的想像獲利,就不是危險信號。但若是聽信別人或媒體,或是因貪念而來的想像獲利,那可能就是危險信號。

李佛摩從不使用「看多」或「看空」這類字眼。這些字眼不屬於他會使用的詞彙,因為他認為這些字眼會在投機客心中形成一種特定市場走勢的情緒心態。空頭和多頭這種字眼,會使操盤者擁有一種固定心態,很可能投機客會在很長一段時間內,盲目地追隨那個趨勢或方向,即便事實已有所改變。

他發現定義明顯的趨勢不會延續太久。如果有人來問他要明牌,他會說市場目前的趨勢是「向上」「向下」或「橫向」,要不然他也會對他們說,目前的「最小抵抗線」是向上或向下。

這讓李佛摩保有可根據市場表現改變心意的彈性。他試著絕不去「預測」或「預期」市場表現。他只是針對所看到的市場表現做出反應。他是少數從不介意市場會往哪個方向走的投機客之一，他只是沿著最小抵抗線前進。他之所以會被稱為「華爾街大熊」的部分原因，在於沒有多少投機客像他這樣，擁有說服自己作空的能力，以及站到市場反方向的勇氣。老是與市場走勢反向操作，並堅持己見，這種偏見是危險信號。

作多或作空，對他都不是問題

當一切看來淒風苦雨時，驚慌失措的氣氛總是驅策李佛摩去作多。相反地，當一切看起來完美樂觀時，他總想到也許該去放空了。他走在其他人之前，看到別人看不見的事情，這正是他祕密行事且不和可能改變他個人看法的人交談之重要原因。

李佛摩根據自己大量的經驗，巧妙地培養出個人的直覺。成交量對他而言是十分重要的，他仔細觀察賣出股票被吸納的方式，以及它每天都會遭遇抵抗的情況。有人說他不在乎成交量，其中有一些人是因為來過他的辦公室，卻沒看到成交量的紀錄，所以才相信這樣的說法。他通常會將成交量數字記在腦子裡，要不然就是在收盤時才查看當天的紀錄，而他的辦公室經理也會將他特別感興趣的個股的最後成交數量寫在一本重要筆記簿上。

李佛摩非常幸運地看準 1907 年的大崩盤，恰恰就在最後崩盤的那一個小時。摩根（J.P. Morgan）派來一位特使，請他不要繼續放空，這令他受寵若驚，而他也照做了。在那個他最輝煌的一日，他在一天之內就賺進 300 萬美金。他也很幸運地在 1921 年經濟衰退時期，在股市最低迷的階段決定進場作多。

極度悲觀下進行買進的反向操作，一般可能是危險信號。但若反向操作是在股價沒有再創新低的狀況，則反向操作不是危險信號。

李佛摩發現尋找長期趨勢主要轉折點（反轉關鍵點）的能力，是股市操盤手最重要的技能。他也相信，只要能掌握完美的心理時刻，在景氣和恐慌時期進出股市，就可以大賺其錢。因為成功的操盤手必須順著市場行進的方向交易，沿著最小抵抗線的方向操作。

不管作多或作空，對他都不是問題，因為多空的操作邏輯都相同。股市有三分之一的時間向上，三分之一向下，另有三分之一橫著走。

如果李佛摩因為股票作頭而出脫多方部位，那麼站到這檔股票的空方位置就容易了。他不像某些人那樣對股票有感情。舉例來說，如果他作多通用汽車賺了錢，他也不會對通用汽車產生感情。這檔股票只不過做了他認為它會做的事。若因通用汽車下跌而能賺到利潤，那就必須放空，他會不帶感情地出手這麼做。股票畢竟沒

有生命，他對它沒有感情，沒有所謂的好股票和壞股票。對投機客而言，只有「會賺錢的股票」。

沿著最小抵抗線操作不會是危險信號，但若是正向最小抵抗線產生反向進行時，這時仍應沿著反轉後的最小抵抗線操作，此時若仍是依照原本正向的最小抵抗線操作，那就會是危險信號了。

操盤經典與台股案例

操盤經典

不要死抱著股票直到它變成虧錢。在獲得可觀的帳面利潤後，我們必須保持耐心，但也不能讓耐心變成一種漠視危險信號的心態。以下是李佛摩用案例來說明危險信號，見下頁圖 3-1。

該股票再次啟動，它在一天內上漲 6 到 7 點，然後第二天也許達到 8 到 10 點，交投相當熱絡。然而就在當天的最後一小時，突然出現一波異常殺盤，下跌幅度達到 7 或 8 點。次日早上，它又再度下跌 1 點左右，然後重新開始上漲，而且收盤時走勢相當強勁。但是到了隔天，由於某種原因，它的走勢沒能延續前一天的漲勢。

這是一個立即性的危險信號。在整個上漲趨勢發展的過程中，

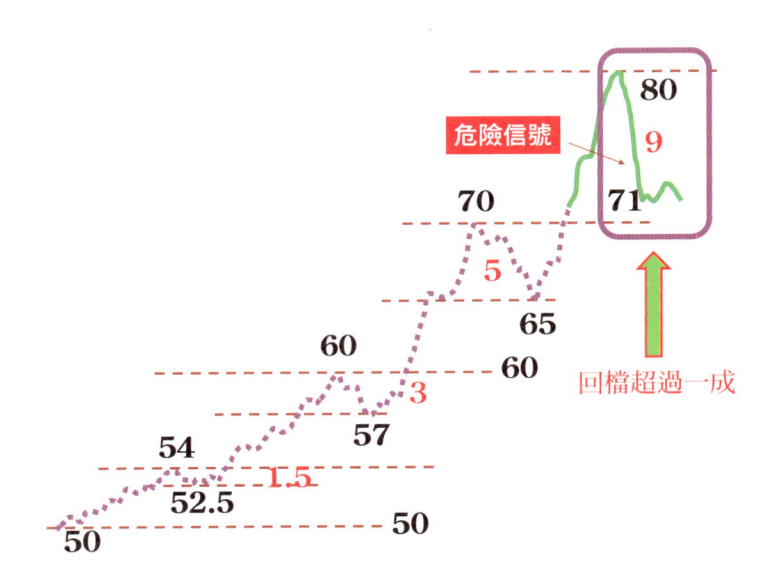

圖 3-1　李佛摩用案例來說明危險信號

僅僅出現過自然且正常的拉回，然而在這時卻突然出現異常的大幅拉回。所謂「異常」，是指一天之內價格自當天所創下的極高價拉回6點或更多點，這是過去從未出現過的。當股票市場出現異常情況時，就是它在向我們發出危險信號，切記不可忽視。

李佛摩說：「當危險信號出現時，我二話不說，立即做出賣出動作。」顯然這個危險信號就等同賣出信號，這裡是講交易買賣時機，重點是談：一、是在持有部位的時候；二、是在談操盤的動作，不是在談理論或道理。

李佛摩書中多次談到危險信號，其實這個語詞表達的是多種狀況下的信號，並非單獨只有一種狀況下的信號。當危險信號出現時，指的是趨勢已經反轉，還是即將要開始賠錢？

我們需要學習如何辨識危險信號，以及操盤過程中的危險信號出現時，要如何因應。行情有各種型態的變化，當進場後行情不如預期，是危險信號。當來到關鍵點，價不動、量卻不斷放大，是危險信號。在圖 3-1 中，**趨勢持續**，股價漲漲跌跌地持續向上進行，最後一次突破大漲後股價表現一日反轉，而後跌到主要支撐之上時，是危險信號。這裡的危險信號，是在趨勢還沒反轉之前。還不確定是真的要持續下跌了，只是要跌的可能性變大了。這裡也還沒到賠錢地步。

為何辨識危險信號是困難的？針對危險信號，我們必須弄清楚在操盤過程中發生的位置，以及操盤過程中如何因應。因為危險信號發生的位置，都不是在趨勢已經反轉或已經賠錢的地方。從操盤的角度來看，這個危險信號的位置並不是止損的位置。在動態操盤術上來看，隨著時間進行，不是不如預期，就是走勢已經出現異常變化。因此文中描述的正常量價的趨勢變化，以及異常的量價變化，都是我們需要學習的重點。這些技巧都可透過現代技術分析中的型態學、量價關係，以及 K 線理論達成。

▌台股案例

根據前面「操盤經典」案例中的說明，當高點急跌達一成時，就是危險信號。圖 3-2 中，萬海航運股價自高點 353 元下跌一成，約在 318 元。

李佛摩說：「當危險信號出現時，我二話不說，立即做出賣出動作。」說明了操盤過程中出現危險信號的重要性。

本章小結

本章主要談股票到底在什麼價位買，什麼價位賣；什麼時間買，什麼時間賣，其實這就是所謂的交易時機。

Chapter 3 股票的買賣時機 | 101

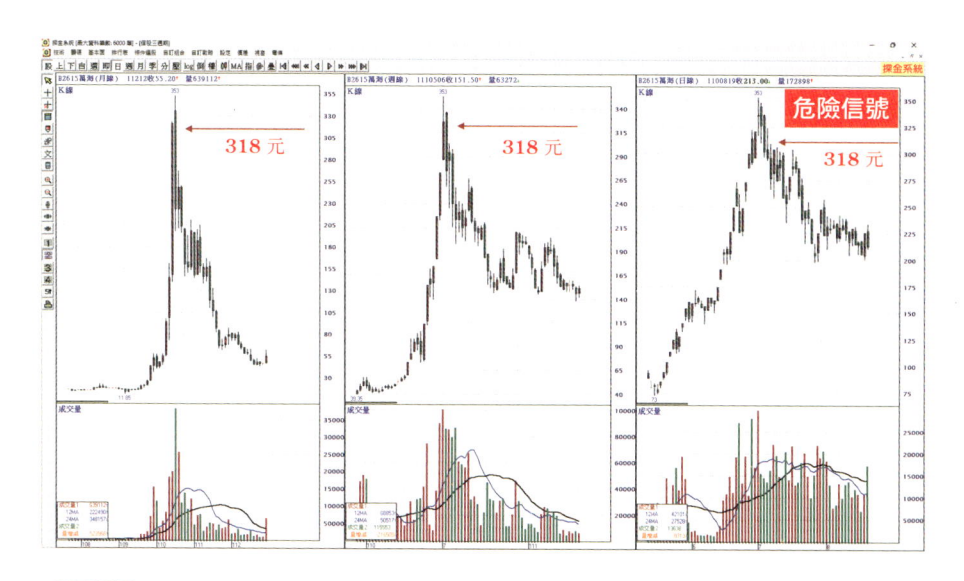

圖 3-2 李佛摩說明的危險信號,用台股案例解說

本章一開始強調的是交易紀錄與親力親為。股票買賣時機的技巧從交易紀錄開始。了解到交易紀錄的重要性，如何做交易紀錄，還要懂得如何利用交易紀錄來檢視自己過去的錯誤，以及如何糾正錯誤。

再來談到掌握交易時機賺錢，主要說明的是投資策略與投資邏輯，有關操盤的買點與賣點如何辨識。如何下單買賣會在下一章關鍵點操技巧中仔細說明。

接著談到危險信號，主要是在說波段操作賣出時機。要賣在波段結束的地方，就必須能夠辨識危險信號，還有在交易的過程中當危險信號發生時，必須了解到如何處置。危險信號包括兩種：一種是價格的波動與財經訊息的影響，另一種是操盤人員自己本身的行為出現危險信號，這些都在告訴我們交易必須退場觀望。

價格的波動與財經訊息的影響，例如：

- 上漲波段突然跌幅開始擴大。
- 上漲波段持續出現利多消息，但股價無法創新高。
- 股市開始向下滑落時，沒人知道它會跌多深。跌太多時買進。

操盤人員自己本身的行為的影響，例如：

- 股票越過關鍵點後不如預期。
- 向下攤平或補繳保證金。
- 操盤手過度自信與失去戒心。

4
Chapter

關鍵點操盤技巧

只有將李佛摩描述的操盤術從靜態操盤術，
轉化為動態操盤術，
才能活學活用李佛摩操盤術賺到錢。

關鍵點是買賣時機

如何正確運用關鍵點，找出交易時機？

賺錢之道，在於知道何時應該出手，並且在哪裡出手。

李佛摩交易獲勝的一大原因是時機正確。他未曾停止探索：改善與研發關鍵點理論，個人獨創的股價創新高操盤法，尋找產業龍頭及最佳產業類股。這些理論都是在累積許多經驗和努力後發展出來的。但是，他的苦難和挑戰永遠都是心理層面的難題。

他認為股市會一直沿著最小抵抗線行進，直到它遭遇到一股一開始無法察覺但慢慢轉變成無法抗拒的阻力，這時它原先的向上或向下走勢便會停止。只有在這些關鍵點位的重要關頭，才能真正賺到錢，他稱它們為「關鍵點」。當它們出現的時候，未經訓練的操盤手要看出它們是很困難的。假以時日它們完全形成時，會變得比較明顯，但此時市場已明顯轉向了。

技巧純熟的股市操盤手就是要辨識出最小抵抗線，並且與這些關鍵點聯袂行動，在完美的心理時刻建立部位。通常在此時會有特定產業類股隕落，而新興的產業類股會冒出頭並受到吹捧。

李佛摩絕不在股票回檔時買進，也絕不在股票反彈之時放空。

此外，還有一個重點：如果第一筆交易已經蒙受損失，再做第二筆交易也不過是有勇無謀。

當他從紀錄中看出上漲趨勢在醞釀時，他會在這檔股票經歷一段正常回檔走勢之後再創新高價時，立刻買進。當他要放空時，作法亦同。為什麼呢？因為他順勢而為，他的紀錄對他發出信號，要他採取行動。

當一位投機客能確定某一檔股票的關鍵點，並且能判斷在那一點上應有的走勢時，他對這一檔股票的介入會從一開始就正確，這個點是對該次介入的正面確認。

耐心等待關鍵點出現，在走勢發動時刻進場

市場若在一段時間內走勢一直很明確，這時的一則利多或利空消息可能都無法在市場上激起半點漣漪，或者僅止於暫時性的影響。這時的市場可能正處在一個過熱的情況中，特定新聞的效應當然乏人理睬。

碰到市場正處在一個過熱的情形時，過去類似情況所做的走勢紀錄，對從事投機或投資的人來說便有了非常寶貴的價值。在這個時候，投資人必須完全屏棄個人意見，將全部注意力投注在市場本身的表現上。

市場永遠不會錯，個人意見則常常都是錯的。除非市場的表現與我們的想法相符，否則個人的意見完全沒有價值。

李佛摩說：「每一次只要秉持耐心等待市場來到關鍵點才下手交易，總是能賺到錢。」原因何在？因為他恰好在走勢發動的心理時刻進場。他從不擔心會有損失，理由很簡單，在指標招呼他時，立刻採取行動，並且開始建立部位。

從那時候開始，他唯一要做的事情，就是坐穩並讓市場自己走自己的路。他知道只要能做到這點，獲利了結的信號會在適當時刻出現，招呼他出場。只要他有等待到信號出現的膽識和耐心，走勢也會屢試不爽地配合演出。

關鍵點指引出交易獲勝的正確交易時機，反轉關鍵點指引出最小抵抗線的轉變。

關鍵點理論讓李佛摩得以在正確時機做買進的動作。依照李佛摩的定義，**關鍵點**代表「出手交易的心理時刻」，而反轉交易點則是**趨勢反轉**的標誌。他從沒有想過要在最低點買進股票，或在最高點賣出股票。他要的是在正確時刻買進，而且在正確時刻賣出。這樣的心態讓他能耐心地等到關鍵點交易情境的形成。如果他正在追蹤的某一檔特定個股，在沒有出現完全吻合的條件之前，他不會介意，因為他知道遲早會有另一檔追蹤中的股票出現適當型態。耐

心、耐心、耐心,它是時機成熟的最大關鍵。

每當李佛摩沒有在接近走勢發動的時刻就介入,總是沒能得到多少好處,理由是他錯過了那足以作為靠山的那一筆利潤。這一段獲利是讓我們有勇氣並有耐心,賺足整個波段漲勢所不可或缺的要素。它讓我們忍受得住整段行情結束前,必定會隨時出現的輕微上下震盪。

李佛摩一向認為「時機」是一個真實且重要的交易因素。他常常說:「思考是賺不了錢的,坐著好好等才能賺錢。」許多人誤會這句話的意思,以為李佛摩會買進一檔股票,然後坐在那裡等行情展開,不是這樣的。許多時候,他是抱著錢坐著耐心等,等待完美的行情自行出現。當所有條件成熟,情況對他最有利時,他就會在這時候,而且也只有在這個時候,像條響尾蛇般地施展致命一擊。

▍要靠自己的關鍵點方法賺錢

這套關鍵點理論適用於股票交易,也適用於商品交易。李佛摩從來沒有把這個關鍵點交易的方法,當成是成功勝利的完美捷徑,但它的確是他交易策略中的一個重要部分。

關鍵點也可以拿來對大盤或個股行情做心理預測。但是,除非市場確認我們是正確的,否則絕對不要採取行動。不要期待市場會

跟著我們的血汗錢走。

有關於關鍵點的研究，簡直是令人目眩神迷，但我們會找到個人研究的黃金領域。根據自己的判斷所完成的成功交易，會給你我帶來奇妙的喜悅與滿足。你會發現用這種方式獲利，比聽信明牌或他人指點賺錢更令人雀躍萬分。如果憑一己之所見出手交易，運用耐心，並且警戒著危險信號，那麼你就會發展出一套適切的想法。

在心裡面對市場的未來走勢做預測是可以的，但一定要靜候市場出現那個確認判斷無誤的信號，也只有在這時候，才可以用自己的錢去採取行動。作為確認信號的關鍵點是十分重要的，但一定得等到它們上場演出才行。

整數關卡處是關鍵點中的一種。突破整數關卡後，走勢將又急又陡。

多年前，李佛摩開始利用最簡單型態的關鍵點交易，在股市中獲利。他發現當一檔股票的價格來到 50、100、200 或 300 時，幾乎千篇一律地會在過了這些關鍵點後，展開一段又急又陡的漲勢。

他第一次嘗試利用這些關鍵點獲利，是交易老牌的安那康達（Anaconda）。當報價來到 100 美元時，他立刻下第一張單子買進 4000 股。這張單子直到幾分鐘後，成交價上漲到 105 美元時才全部

成交。當天的收盤價比 105 美元高出 10 美元以上。隔天它仍舊狂漲而上。在短短一段時間內，它持續上漲到超過 150 美元，期間僅有數次幅度 7 或 8 點的正常拉回。關鍵點 100 美元的價位從未遭受任何威脅。從那時候開始，只要有關鍵點出現，他鮮少不大顯身手一番。當安那康達來到 200 美元時，他故技重施並大賺一筆。後來股價上漲到 300 美元，他如法炮製，但這次該股無法真正有效跨越關鍵點，而是在 300 美元的整數關卡形成假突破。

使用關鍵點預測市場走勢時，最須牢記的一點是：當股票越過關鍵點之後，就應該展現應有的表現；倘若無法立即有效突破，則應視之為危險信號。操盤過程說明，參考圖 4-1。

關鍵點的價格行為

無知的投機客，看得到雜訊卻看不到主趨勢

股價創新高處是關鍵點，因上檔已無套牢賣壓。反轉關鍵點意味著基本趨勢的重大轉變。

有一檔最近兩、三年才上市的股票，其最高價假定為 20 美元，而且這個天價創於二、三年前。如果這時發生對公司有利的事情，並且股價開始往上走，那麼在該股突破高價時，買進通常十分安全。

整數關卡關鍵點技巧

危險信號
突破後表現疲弱

如法炮製 **300**

225

200 故技重施

150

115
100 105 真突破

100 美元處市價買進 4000 股
數分鐘後達 105 美元才全部成交

安那康達
(Anaconda)

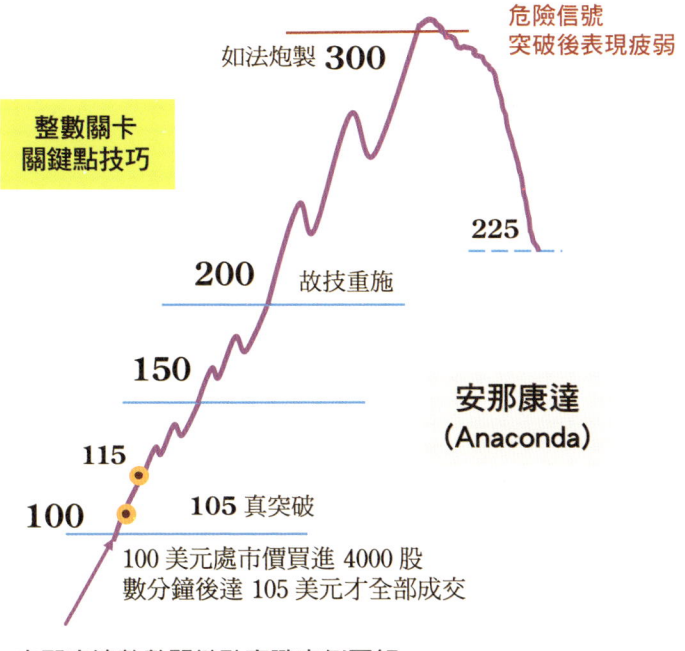

圖 4-1 安那康達整數關鍵點實戰案例圖解

關鍵點是一種時機策略，李佛摩利用它來進出股市。要定義反轉關鍵點並不容易，他的看法是：它代表市場基本方向的轉變，它是新走勢開始的完美心理時機，意味著基本趨勢的重大轉變。

對李佛摩個人而言，他從不會因股價太高就不買進，也不會因股價太低就不放空。等候持續關鍵點的信號出現，給他建立新部位或繼續加碼的機會（如果他已建立部位）。不要苦苦追求已離我們而去的股票，就隨它去吧。李佛摩情願等到股票重整旗鼓並形成新的行情持續關鍵點，就算付出比較多錢也無所謂。

除了反轉關鍵點之外，另有一種李佛摩稱之為「行情持續關鍵點」的重要觀察指標。行情持續關鍵點提供了另一個介入點，或提高持股部位的好機會。持續關鍵點的信號，表示行情可能持續走下去，是加碼的好機會。

當走勢明確，個股在行情持續期間發生自然回檔之後，它經常會出現。只要該股可以自行情持續關鍵點脫困，並且朝自然回檔前的方向前進，它也可能是行情持續中的另一個介入點，或是提高持股部位的好機會。這好比將軍有時候也會下令暫停大舉進攻，好讓補給線可以跟上軍隊，並且讓他的士兵們有機會休息。他認為行情持續關鍵點，就是股票在上升走勢中的暫時整理。它通常只是在自然回檔之後發生。但是，精明的投機客會仔細觀察該股結束整理後的走向，不預設立場。

他等候行情持續關鍵點的信號出現，這給他建立新部位或繼續加碼的機會。他情願等到股票重整旗鼓並形成新的行情持續關鍵點。行情持續關鍵點提供一份保證與確認，行情極有可能會持續走下去。這套關鍵點理論也可以用來操作放空。他追蹤那些過去一年來股價持續創新低的股，如果這些股票形成一個「假的關鍵點」，也就是說如果它們從這個新低價反彈後，接著再跌破這個新低價，那麼極可能會持續破底往下走。

　　買在關鍵點突破時，而非在底部區。在關鍵點買進，能夠獲得承受震盪空間的靠山。

　　每當李佛摩沒有在接近走勢發動的時刻介入，他總是沒能得到多少好處。理由是他錯過足以成為靠山的那筆利潤，而這一段獲利是讓人有勇氣並有耐心賺足整個波段漲勢所不可或缺的基礎，它讓人經受得住整段行情結束前必定會隨時出現的輕微上下震盪。

　　藉著記錄股價及把「時間因素」列入考量，一定會有辦法找出許多可介入享受急漲的關鍵點。但是，我們得訓練自己具備在這些時點上做交易所必需的耐心。必須奉獻時間來研究自己所做的紀錄，而且一切都要親力親為，依據自己的研究所得標出抵達關鍵點的價位。我們會發現關鍵點的研究會帶來令人難以置信的成果，它是個人研究的黃金境界。如果完全憑藉一己之力來挖掘個人發現，用自己的方式交易，運用耐心而且對危險信號保持警覺，一定會發

展出一套正確的思考模式。

▌運用成交量確認反轉關鍵點

反轉關鍵點的出現幾乎都會伴隨成交量的擴增，買進的人一窩蜂湧進與忙著要出場的陣陣賣壓短兵相接，空頭趨勢出現反轉關鍵點時也是一樣的狀況。

成交量的增加是推斷關鍵點的重要因素，而且關鍵點一定要獲得成交量的確認。這場買家與賣家的戰爭導致股票的方向反轉。這些重要的噴出量經常使當日成交量比日均量暴增50到500個百分點。

當買進股票時，應該先想清楚一旦股票走勢不利於己時，要在損失多少時就賣出持股，而且必須謹守自己的原則！李佛摩總是在下手交易前設好停損。他利用關鍵點買進股票的另一項理由是，因為它給了相當明確的參考點。他能看清楚這個點，究竟是一段走勢的頭部，或是底部關鍵點，或是突破新高的關鍵點，抑或是整理完成後他所謂的行情持續關鍵點。他再根據這個參考點選定他的停損點，也就是情勢不利於他時的結清交易點。

正確掌握關鍵點讓他有機會在正確時點成交第一筆交易。因此，在走勢起始之初，他便在正確價位上有了一個介入點。這讓他立於不敗之地，他也才能夠熬得過正常的股價上下波動，而不至於

傷了本錢。一旦股價脫離關鍵點，可能受傷害的唯有他的紙上獲利，至於他寶貴的本錢則分毫無傷，因為他打一開始就處於獲利狀態。

如果我們在關鍵點成立之前就買進股票，這可能操之過急。這麼做是很危險的，因為股票可能沒有辦法形成適當的關鍵點，並明確地走出它的方向。如果我們的買進價位比關鍵點高 5% 或 10%，那麼可能太遲了，也許會因為走勢已經展開而喪失優勢。

李佛摩從市場上許多老手及個人經驗中學會「千萬不要攤平損失」。也就是說，如果買的股票價格下滑，千萬不可以再買了。不要試著將成本攤低，這種作法成功的機會很小。

「加碼往上買」卻時常奏效，也就是隨著價格往上走一路加碼。只不過他發現這樣做也是有風險的，所以他盡量在一開始就建立起主要部位，也就是在起始關鍵點處。然後，在股價來到他所謂的行情持續關鍵點時，也就是股票有足夠的力量從整理走勢中脫穎而出時才加碼。

操盤手必須等到股票證實自己要突破行情持續關鍵點往上漲的時機。在股票自己表態之前，過度期待是一種冒險，因此操盤手不可一心只期待這種情形出現。在這種緊要關頭，操盤手必須要像老鷹一樣目光如炬，蓄勢待發，但就是不要受希望的影響，而產生偏

差心態。操盤手最後一次的金字塔加碼機會，出現在股票夾帶大量突破新高之時，這種量價結構是非常好的信號，因為它非常有可能代表上面已經沒有任何套牢籌碼，可以在短期內阻擋股票的漲勢。

惟金字塔操盤法是個險招，任何想要使用的人都必須手腳靈敏且經驗豐富，因為股票漲越高或跌越深，情勢就會越危急。

李佛摩努力將所有大手筆的金字塔加碼手法限制在走勢起始之初。他發現股價脫離底部一大段之後使用金字塔操盤法是不智的，最好是等待行情持續關鍵點出現，股價突破新高之時再加碼。

要避開最容易賠錢的攤平買進方法。要習慣最容易的往上加碼賺錢方法。

辨識真假突破

為何突破整理區間並創新高是買進時機？

交易能累積經驗，但股市不是只靠經驗就行，還必須勤加練習才能賺到錢。

股價突破整理區間並創新高，是突破關鍵點。突破並創新高

時，就是發動攻勢的關鍵點。

有一檔股票目前的成交價是 25 美元，股價在 22 至 28 美元區間已經徘徊一段時日，而你認為這檔股票看情形會上漲到 50 美元左右。這時必須有耐心等到這檔股票活絡起來，等它創下新高價，大約 28 到 29 美元左右。這時，你知道市場的表現證實你的想法正確。這檔股票的走勢一定很強勁，不然不會創新高。出現這樣的突破並創新高情形，它才可能真的要發動強攻，進行上漲走勢。如要為你的想法下注，就在這時。

不要因為沒有在 25 美元買進而懊惱不已。如果真的這麼做，早可能因為等得不耐煩而在行情發動前出脫持股。因為股價不斷跌破買進價會令人心生不滿而賣出，等到真該進場時卻再也買不回來。經驗已向李佛摩證明，買賣任何股票或商品，要能真正賺到錢必須打一開始進場就獲利才行。由往後他所列舉的交易範例中，會看到他選定在心理時刻進場做第一筆交易，亦即在走勢力量強到能繼續往上衝時。股價能有如此之強的走勢，不是由於他的操作，原因在於背後的那股力量實在太強大了。股價就是必須往前衝，而且也這麼做了。

期待強勢股會出現空頭走勢，是危險行為。越過關鍵點後就變得欠缺力道，是假突破的徵兆。

李佛摩沒有做完伯利恆的整個漲勢，他在關鍵點抵達 200、300 及令人頭昏眼花的 400 美元時都重複相同的操作手法，但他終究沒有做完整個走勢，因為他期待著會出現空頭市場中會發生的走勢，也就是期待股價跌破關鍵點並一路往下。

他學到一件重要的事，密切注意股票越過關鍵點後的後續發展。他發現確定反轉並出脫持股最簡便的一個現象是，股票越過關鍵點後就變得欠缺力道。

李佛摩多次在這種情況出現時倒出手中部位，並且站到市場另一邊開始放空。在這裡必須附帶一提的是，每一次只要他失去耐心，還未等到關鍵點出現就介入以求賺取暴利的結果，幾乎總是落得賠錢收場。

▌價格來到關鍵點時，怎麼買？如何加碼？

李佛摩的交易理論重點是：只靠關鍵點交易。只要保持耐心且在關鍵點出手交易，總是能賺到錢。長期來看，除了知識之外，耐心比任何其他單一因素更顯重要。知識和耐心是攜手並進的。所有想要藉由投資獲得成功的人，都應該要了解這個簡單的事實。

在買進股票前，必須要詳加審度確定部位一切完善。唯一的買進時機就是知道它會上漲的時候。這時，你手邊應該擁有種種對自

己有利的因素。這樣的情形很少出現，身為操盤手的你一定要耐心等待，正確的情勢遲早會形成。

股價真突破的威力強大。打底完成、向上突破時，買進第一筆；價格拉回再度突破時，立刻再加碼。

1924 年夏天，小麥來到李佛摩所謂的關鍵價位，他買進第一筆 500 萬英斗。當時小麥的市場規模實在龐大，因此這張單子完全不會產生任何拉抬價格的效應。單子成交之後，市場立刻陷入沉寂，但在這幾天之中價格從未跌落至關鍵點之下。

接著市場又開始動了起來，價格比幾天前的高價還要高出幾美分，然後從這個價位自然回檔，市場旋又復歸沉寂數日，再來就開始漲了。他在價位衝過下一個關鍵點時立刻再加碼買進 500 萬英斗，平均成交價高於關鍵點 1.5 美分，他從成交的情形看出市場本身十分強勁。為什麼？因為第二張 500 萬英斗的單子比第一張難買得多了。

次日，價格沒有像第一筆買單那樣出現拉回，而是直接再上漲 3 美分，這正是市場該有的正確表現。從此展開了一段所謂的真正多頭行情。他指的是一段預估可以持續好幾個月的強勁漲勢。不過，他沒有完全看清隨後展開的全部走勢。於是，他在每一英斗都有 25 美分利潤時出清退場。結果，眼睜睜地看著在數天之內再漲 20 美分。他立刻知道自己大錯特錯。為什麼他要害怕失去那些自己未曾

真正擁有的東西呢？在應該有耐心與勇氣坐著等行情結束的時候，他卻急著將紙上的富貴轉換成現金。

他知道當漲勢抵達關鍵點時會適時收到危險信號，並且有足夠時間可從容出場。因此，在成交價高於當初賣出價格平均達 25 美分時，他決定回頭再次進場。再開始買進時，只敢買 500 萬英斗，是當初他賣掉的一半部位，而這次一直抱住部位直到危險信號出現。

操盤手應依事實反應，而不是根據預測

心中無偏見，才能發現市場所透露出的線索。杜絕僵固性，保持操盤的彈性。

李佛摩從不使用「看多」或「看空」這類字眼，這些字眼不屬於他會使用的字詞，因為他認為這會在投機客心中形成一種特定市場走勢的情緒心態。空頭和多頭這種字眼，會使操盤手擁有一種固定心態，很可能投機客會在很長一段時間內，即便事實已有所改變仍盲目追隨那個趨勢或方向。他發現明確的趨勢不會延續得太久。如果有人來問他要明牌，他會說市場目前的趨勢是「向上」「向下」或「橫向」，要不然他也會對他們說，目前的「最小抵抗線」是向上或向下。這讓他保有可根據市場表現改變心意的彈性。

我們必須像偵探一樣，根據所看到的事實去解決難題。誠如優

良的偵探那般，一定得尋找事實的證據，盡可能予以確認並找出確證事實，而這需要不帶情緒的分析才能達成。

李佛摩試著絕對不去「預測」或「預期」市場的表現。他只是針對所看到的市場表現做出反應。他確信市場總是會針對下一步要怎麼走而透露出線索。這些線索隱藏在市場的表現之中，而不是存在於預測的情節裡。

多年前，李佛摩開始利用最簡單型態的關鍵點交易在股市獲利。當安那康達來到 200 美元時，他運用整數關鍵點技巧大賺一筆。後來股價上漲到 300 美元，他如法炮製，但這次無法真正有效跨越關鍵點，只來到 302.75 美元。

很顯然地，危險信號亮起了。他賣出手上持有的 8000 股。他很有信心地認為如果股價跌破 300 美元，就會以很快的速度向下探。隔天的情形真是太刺激了。安那康達在倫敦一路往下走，紐約的開盤價甚至更低。才幾天時間，安那康達跌到 225 美元。

使用關鍵點預測市場走勢時，最須牢記的一點是：當股票越過關鍵點之後，若不能展現出其應有的表現，即應視之為必須要留意的危險信號。股價無法真正有效跨越關鍵點時為反轉訊號。股價假突破產生反轉時，很快就會引來賣壓。

突破或跌破區間整理的高低點，是關鍵點的介入點。

一檔股票的成交價在 50、60 或 70 美元，股價跌了 20 點左右，並且在高低點之間徘徊了一、二年。這時，倘若股價竟跌破以往低點，該股就有可能還要猛跌一段，原因何在？因為那家公司必然出亂子了。

如圖 4-2，1934 年，12 月可可豆選擇權的高價 6.23 美元出現在 2 月，低價 4.28 美元出現在 10 月。

1935 年的高價 5.74 美元出現在 2 月，低價 4.54 美元出現在 6 月。

1936 年 3 月出現了低價 5.13 美元；到了 8 月，為了某一個理由，可可豆市場變得非常不一樣。大行情展開了，8 月可可豆售價來到了 6.88 美元，比前兩年所創下的高價都要高許多，並且也高於它前面的兩個關鍵點。

1936 年 9 月時，它創下 7.51 美元高價，10 月 8.7 美元，11 月 10.8 美元，12 月 11.4 美元。1937 年更攀升到最高價 12.86 美元，創下 5 個月內上漲 600 點的新紀錄，期間僅出現幾次微幅回檔。

可可豆向來年復一年走勢平淡無奇，這回的上漲顯然是有極好理由。原來是可可豆的供應嚴重不足，緊盯著關鍵點的人必然可在

Chapter 4 關鍵點操盤技巧 | 125

動態解說可可豆關鍵點操盤過程

創歷史新高　　　1937年1月　12.86
　　　　　　　　　　12月
　　　　　　　　11月　11.4
　　　　　　　　10.8

1936年
　　　　　　10月
　　　　　　8.7
　　　　9月
　　8月　7.51
　　6.88

可可豆出現具吸引力的關鍵點
最後到1937年才知上漲極好理由
原來是可可豆供應嚴重不足

1934年　1935年
2月　　　2月
6.23　　 5.74

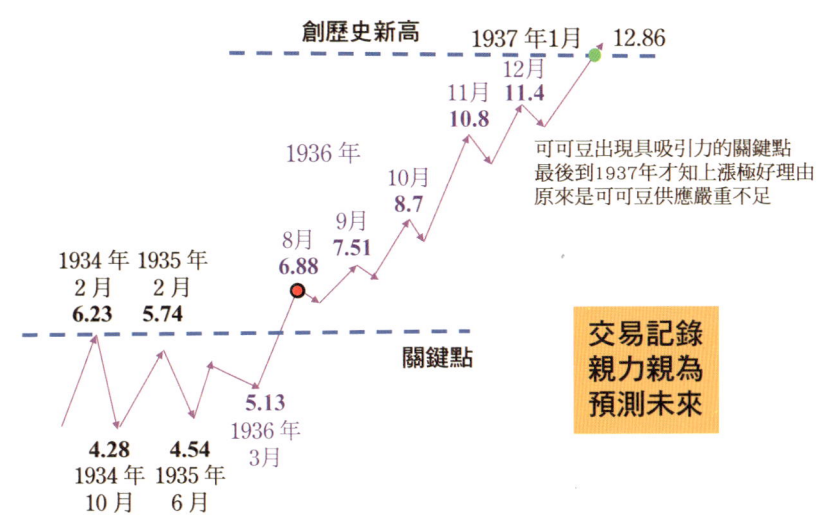

　　　　　　　　關鍵點
　　　　　5.13
　　　　1936年
　　　　3月

4.28　4.54
1934年 1935年
10月　 6月

交易記錄
親力親為
預測未來

圖 4-2　記錄可可豆突破一年半高點關鍵點圖解案例

可可豆市場找到一個光輝燦爛的好機會。

精明的投機客會仔細觀察該股結束整理後的走向，不要預設任何立場。

操盤經典與台股案例

操盤經典

當一位投機客能確定某一檔股票的關鍵點，並且能判斷在那一點上應有的走勢時，他對這一檔股票的介入會從一開始就正確，這一點是對該次介入的正面確認。

以下說明如圖 4-3。如果某一檔股票已經往上移動一段時日，並且回檔來到 40 美元低點。幾天後彈到 45 美元。接下來的一個禮拜內，它在上下數檔的區間內來回擺盪。再來，它擴大漲幅，來到 49 美元價位。一連幾天，市場變得沉悶且沒有什麼表現。接著有一天，股價突破再度活絡起來，向下探低 3 到 4 點後接著持續往下走到接近 40 美元這個關鍵點價位。

此刻正是最需要密切觀察的時點：

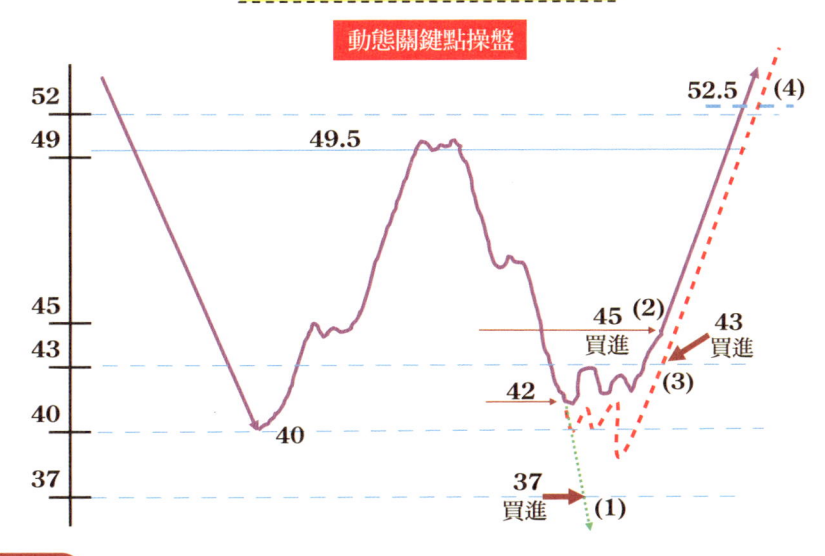

Chapter 4 關鍵點操盤技巧 | 127

動態解說關鍵點操盤的買賣點

動態關鍵點操盤

圖 4-3 往下止跌後圖解說明四種關鍵點的買賣信號

- 因為如果這檔股票認真要再度往下走,那麼在出現另一個明顯反彈之前,會跌破 40 美元達 3 點以上的幅度。
- 如果沒有跌穿 40 美元,這就是指標,在股價由此次回檔低點起算,反彈 3 點時立即買進。
- 又假設 40 美元被跌破,但其跌破幅度未達 3 點,那麼應當在股價彈升至 43 美元時做買進動作。
- 不管發生上述兩種情況中的哪一種,絕大多數情況下我們會發現它們的出現表示一個新趨勢的開始,如果這段新趨勢真的會出現正面結果,那麼這檔股票會持續上漲,並且超越關鍵點 49 美元達 3 點以上的幅度。

台股案例

突破區間整理的高低點,是關鍵點的介入點。持續關鍵點出現在區間整理後延續原趨勢進行。

見圖 4-4。材料 KY(4763)股票成交價在 85 到 206 元的高低點之間徘徊七年。在 2022 年底,該股竟突破以往七年的高點,表示有可能還要猛漲一段,原因何在?那家公司必然出現新商機。

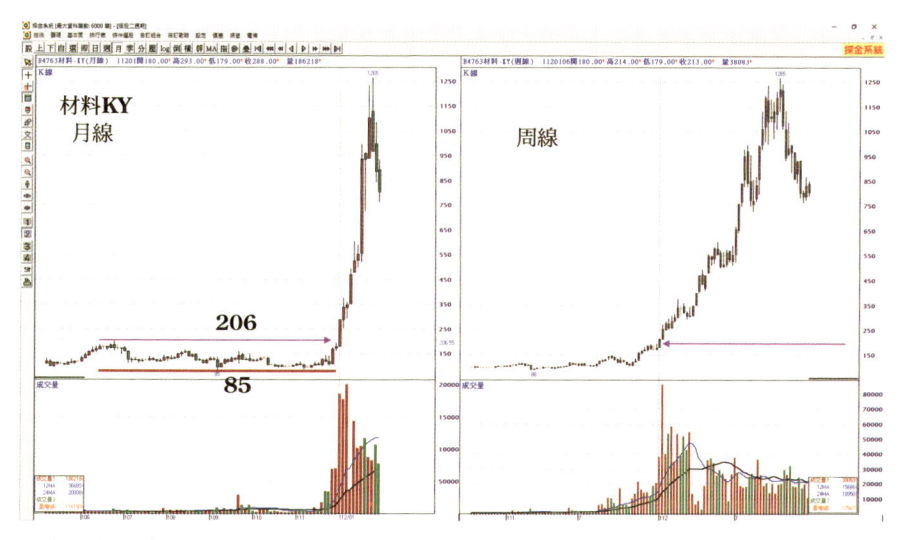

※ 左圖為月線，右圖為周線

圖 4-4 關鍵點操盤術案例，材料 KY 走勢圖

本章小結

　　圖4-5案例說明靜態關鍵點技巧。股票目前的成交價是25美元，已經在22到28美元的區間裡徘徊相當時間，而我們認為這檔股票終將攀升到50美元。此時，我們必須有耐心，一定要等這檔股票活躍起來，等其股價創新高，大約30美元左右。只有到了這個時候，才能知道我們的想法已經被證實了。這檔股票一定非常強勁，否則根本不可能達到30美元。只有該股票出現這些變化後，才能斷定其很可能正處於大幅上漲的過程中，而此時才是我們證實自己看法的時候。要是沒有在25美元時買進，絕不要感到懊惱。如果真的在25美元就買進，那麼結局很有可能因為等得不耐煩，早在行情發動之前就已經拋掉持股，而由於我們是在較低價格賣出，也許會悔恨交加，因此等到應該再次進場時卻沒有買進。

　　如果對某檔或某些股票有了明確看法，千萬不要迫不及待地急著進場。耐心觀察該股票的市場表現，伺機而動，一定要找到根本的判斷依據。圖4-6案例說明動態關鍵點技巧。隨著時間的進行，價格的波動存在各種可能性。如何分辨每一種可能性，需要額外的技巧來輔助判斷，如量價結構、K線理論等。

　　本章說明的關鍵點技巧，很容易就看懂了。來到執行端，為何一個很容易的道理，操盤時老是賠錢。這裡有兩個重點要說明。

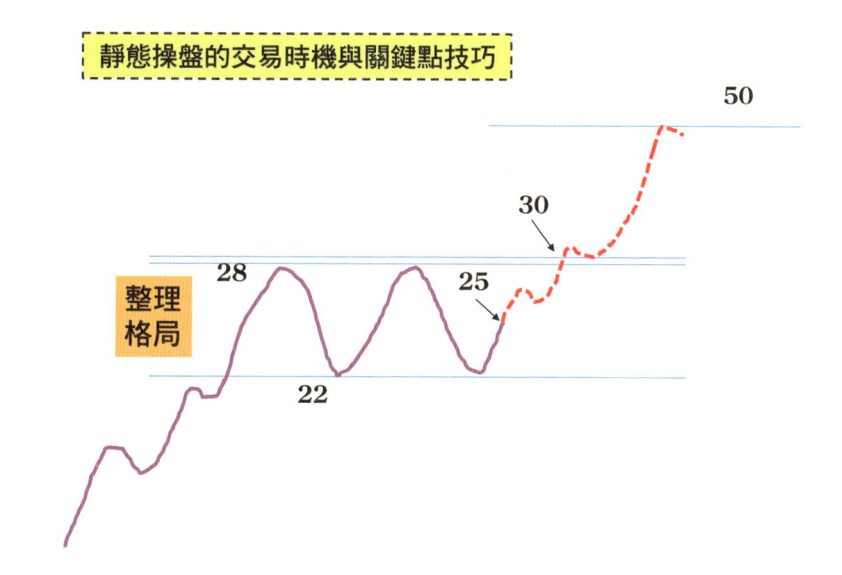

圖 4-5　耐心觀察，縮手不動，伺機而動的靜態關鍵點技巧

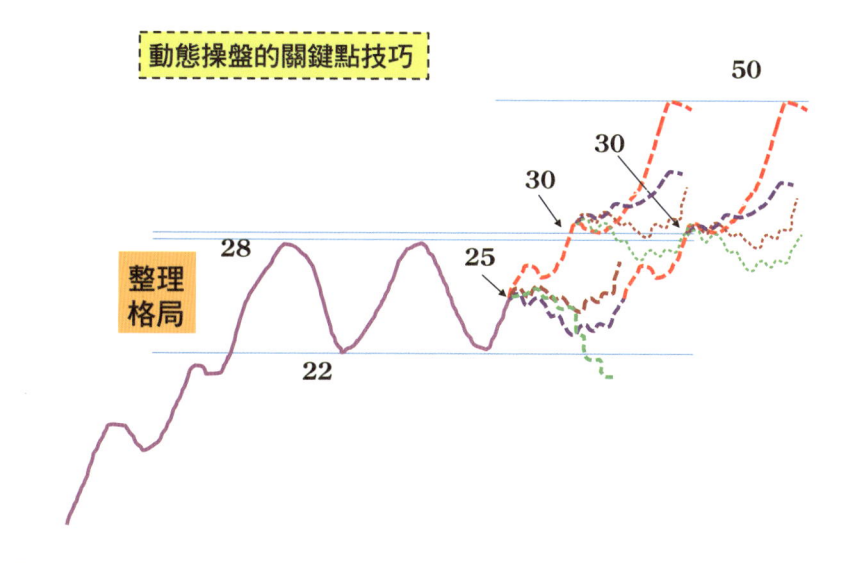

圖 4-6　靜態關鍵點技巧轉化為動態關鍵點技巧

- 如「操盤經典」中的案例,李佛摩描述的是動態的操盤術,但讀者都看成是靜態操盤術。
- 如圖 4-5 案例說明的是靜態的狀態,必須轉化為動態操盤術,才能活學活用李佛摩操盤術。

5

Chapter

情緒管理

洞悉人性及情緒管理。
縮手不動,做好情緒管理。
作息規律,做好情緒管理。

洞悉人性及情緒管理

避開落入情緒圈套陷阱

想在股市裡展露身手，是帶有一些藝術成分的，可不單僅憑理智而已。如果單純仰仗理智，一定早就讓人給破解了。李佛摩也因此認為，每一個投機客都必須分析自己的情緒，找出自己可以忍受的壓力程度。如果為了手中的股票部位在夜裡睡不著覺，這代表已超出自己的忍受範圍。這時，應該將手中的部位減碼到讓自己睡得著的程度。

太過看重經濟新聞的一大問題是，它可能會在人們心中植入「暗示」，而這些暗示可能會形成潛意識，並且危害我們在股市情緒的健康，讓你我無法面對真實世界。

每位投機客都不同，每個人的心理狀態都是獨一無二的，每個人的個性也都會跟別人不同。一些暗示性的新聞常常都非常符合邏輯，但這並不代表它們是對的，也不代表它們會影響市場行情。在下手嘗試投機前，應當先弄明白自己的情緒極限，這是李佛摩給每一位來向他請益投機成功之道的人的建議。

主力潛伏在你我身邊，透過新聞媒體以種種手段將我們玩弄於趕緊買或趕緊賣的情緒反應中。想識破隱形操縱、情感勒索、心理

綁架等手法，在於克服自我人性。

沒有紀律、沒有清晰的策略和簡扼的計畫，投機客會落入市場中的種種情緒圈套，從這檔股票跳到另一檔股票，久抱賠錢部位，太早出脫會賺錢的部位，除了害怕失去手中的獲利外，再無其他理由。貪婪、恐懼、沒有耐心、無知和希望，全都爭先恐後地想要主宰投機客的心。

在經過幾次失敗與浩劫後，投機客很可能就此氣餒、沮喪、失望，並且放棄市場，以及市場應該會提供的致富機會。

務必制定自己的策略、紀律和經營市場的手段。李佛摩以先行者身分提供建議，或許他可以成為你我的導師，並且拯救我們免於落入他曾深陷過的圈套。但最終的決定，仍舊掌握在自己手中。

操盤手只要落入情緒圈套，總是落得賠錢收場。操盤手若無法克服人性，最後終將被迫離開市場。

操盤手須留意股市相關報導來源、動機或效應

從報紙上找出一些不起眼的小線索，仔細研究並找出背後意涵。研究新聞背後的道理，並觀察實際的後續發展。

這就是李佛摩為什麼在晚上 10 點就寢、早上 6 點起床的原因。細心且自律的人必須留意所有東西，無所不知。任何粗心大意，都將令人無法承擔。有時候，一次的疏忽，不管是大或小，就能毀掉你我辛辛苦苦建立的一切，扼殺我們所有的計畫。大眾認為李佛摩只是一名投機客、操盤手，找到機會就進入市場，但這種說法跟事實沾不上一點邊，他常常從報紙上找出一些不起眼的小線索，在仔細研究並找出背後意涵後，才會針對它們採取行動。

頭條新聞是給傻瓜看的，好的投機客需要看的是報導背後的東西，並且觀察它們實際的後續發展。通常那些充滿誤導性的報導，是有些人或經紀商按排定日程偷偷布置出來的，他們要不就是利用好消息賣出股票，要不就是希望在往前衝時一路倒貨，並吸引大眾繼續投資這檔股票。

有一次李佛摩去匹茲堡，他在那裡看到鋼鐵廠產能不及 30％，生產利用率連 20％ 都不到，而且還在下滑。換句話說，這是放空的完美標的。很不幸地，許多人投資股市僅憑閱讀標題，並且太輕易就相信自己所看到的東西。但是這裡面有太多陷阱、詭計和危險。只要是牽扯到一大堆錢的地方，例如股市，奸詐的金錢陷阱就會出現。

李佛摩絕不是只讀頭條新聞而已，他看得很仔細，尋找可提供他重要線索的小新聞，特別是有關產業或個股，由衰轉盛或由盛轉

衰的報導。他觀察到，我們在報紙上看到的東西，不過就是一般的股票明牌，因此必須留意股市相關報導的來源、動機或效應，否則也會變成傻瓜。就像將軍執行作戰計畫一樣，在股市裡同樣沒有犯錯和怠惰的空間。

李佛摩 15 歲開始進出股市，後來成為他生活的重心。他非常幸運地看準了 1907 年的大崩盤，恰恰就在崩盤的那一個小時。摩根先生派來一位特使，請他不要繼續放空，令他受寵若驚，他也照做了。在那個他最輝煌的日子，他在一天之內就賺進 300 萬美金。他也很幸運地在 1921 年經濟衰退時期，在股市最低迷的階段決定進場作多。

有成千上萬的靈魂參與股票市場，他們根據兩種情緒在股市裡做決定：希望與恐懼。希望通常是貪婪的產物，而恐懼則通常源自無知。主宰股市的重要因素，不是有智慧的分析或理智，而是人類的情緒。一旦了解這一層，便可向成功作手之路大大跨進一步。心中一旦有了這樣的想法，股市操盤手必須看清眼前情況的背後意義並仔細分析，謹記每個人基本上都接收同樣資訊，有的人成功，而有的人失敗，一切就看如何詮釋手上接收到的資訊。

對李佛摩而言，投資股市的股民們好比一票群龍無首且等著上鉤的魚，當他們害怕會遭遇危險時，會非常迅速地隨意出招。當一切看來淒風苦雨時，驚慌失措的氣氛總是驅策李佛摩去作多；相反

地，當一切看起來完美樂觀時，他總想到也許該去放空了。他走在其他人之前，看到別人看不見的東西，這正是他祕密行事且不和可能改變他個人看法的人交談之重要原因。

避免雜訊影響判斷

我們必須持之以恆地控制自己的情緒，必須克服心中的恐懼。恐懼一輩子都活在人的軀殼之內，像暴力般會在一瞬間出現，一次心跳、一回急促的呼吸、一眨眼、一個握拳、一聲槍響。當它出現時，自然的求生本能將被喚醒，正常的理智就會被扭曲。講理的人在恐懼時，也會做出不合理的事。

失敗的投資人總是抱著「希望」，但在股市裡，「希望」一路上都和貪婪及恐懼形影不離且輪番上陣。一旦下手做交易，「希望」就會進入生命之中。懷抱「希望」，正面思考且期待好事會發生是人的天性。「希望」是人類所具備的一項重要生存技巧，但就像它的股市近親──無知、貪婪和恐懼，全都在扭曲你我的理智。

投資人在開始賠錢的時候，就會變得害怕，判斷力也會減弱，這就是人類進化到這個階段所具備的人性。我們不但不能否定人性，而且還必須了解人性，尤其是在股市操盤時。

股市裡只有事實和理智，而且股市永遠不會錯，只有操盤手會

出錯。就像輪盤旋轉的最後結果，由那顆小黑球決定，不是由貪婪、希望和恐懼決定。結果是客觀的，而且這是最後的結果，不得上訴，大自然也是如此。

群聚在號子中的那些人，日復一日提供與股市相關的最新明牌和小道消息，只會令人分心，對李佛摩一點好處都沒有。在一大群人聚在一起的大型號子裡，他的腦子裡一片混亂。只要被他們影響，他的操作就會受到很大的傷害，他認為應該安靜地工作，並且自己做決定。

李佛摩從家裡前往辦公室的途中也保持不受打擾。他不是一個人默默地乘車前往，就是在天氣比較好時乘坐自己的船去辦公室，沒有其餘乘客。如此一來，他可以讀報，並規畫一天的行程，他這麼做是要避免和那些終究會問起股市相關事情的人見面。這個話題總是自動被提起，他只好被迫去聽明牌、八卦和種種預言，這些東西無可避免地會進入他心裡和他的潛意識，然後對他的判斷造成影響。一個人乘坐交通工具，可以在不受打擾的情況下，思考要如何執行當天的計畫。

李佛摩認為成功操盤手的最重要條件之一是「平衡」，他個人對其定義是穩定在處理股市相關事宜時作風威嚴。一個平衡的人會以鎮定的方式，掌握自身的希望和恐懼。另一個特質是「耐心」，等待最佳時機，等候各種對操盤手有利因素都盡可能就定位。平衡和耐

心，是作手邁向成功的最佳夥伴。最後一項條件是「沉默」，聽從內心的建議，把自己的成功與失敗放在心裡，從中汲取教訓。

李佛摩從來不願成為股市作手圈中的一員，特別是那些聚集在號子中的作手圈。主要的理由是他必須維持思考的一貫性，必須讓自己有超過連續 15 分鐘以上的思考時間。平衡、耐心與沉默是需要培養的特質，而這些美德不會自動找上操盤手。

沿著最小抵抗線操作，跟隨趨勢操盤

不要聽信明牌影響判斷情緒，為自己的錯誤負起責任。

一般大眾需要別人來領導、接受指示、讓他人告訴自己該怎麼做。他們需要再三保證，他們總是一起行動，因為大眾需要人類同伴所帶來的安全感。他們害怕一個人，因為人類的信念是身在團體中比較安全，不要像牛犢一樣獨自站在狼群出沒的荒郊野外。事實也正是如此，隨著趨勢移動的確比較安全。李佛摩總是沿著最小抵抗線操作，跟隨趨勢操盤，所以他在多數時間裡是和群眾一起行動的。當「趨勢轉變」開始發生的時候，也就是整體市場方向要改變的那個時候，才是最難掌握的部分。

在股市裡，李佛摩的行動必須盡可能以最清楚的各項事實為依據。在市場中想要出手恰當，需要安靜與隔離的環境，讓自己可以

檢視情勢，對當天送進來的新資料做評估及審慎的考量。參與市場的人必須永遠有一個清楚的策略。如果他的交易會出錯，他要它們全是出自「他自己的錯」。他不需要別人來幫他賠錢，給他報明牌或來影響他的交易。他從事的這個行業，沒有死後驗屍這回事，不是賺錢就是賠錢，再不然也可以把錢握在手中，一邊等待有利情勢，一邊賺微薄的利息。

李佛摩總是努力尋找趨勢改變的蛛絲馬跡，總是做好準備，隨時要讓自己脫離眾人的集體想法並往相反方向走，因為他相信風水輪流轉，就像人生有起有落。拿起電話買進或賣出實在很容易，問題是各位要知道在什麼時間做什麼樣的事，並且虔誠地奉行自己的守則。

根據李佛摩的觀察，想要取得最佳優勢成為成功的股票操盤手，沒有比大清晨更好的時光了。屋子裡靜悄悄的，沒有人或事來讓他分心，而且經過一夜好眠後，心靈也重新充好電了。大多數人早上起床，準備好後直接就到辦公室。這批人在工作日的夜晚會很想出門，去看電影、表演、吃一頓耗時的晚餐，再喝上兩杯。他們覺得在工作日，也有社交和娛樂的必要。這樣做在其他工作領域或許行得通，但如果想在股市中嚴謹交易並獲得成功，經常這樣做是很危險的。

在平常工作日，李佛摩總是避開晚上10點到隔日凌晨2點的種

種娛樂。他不認為在這段期間睡覺，而在凌晨5、6點起床就會錯過任何東西。他發現自己在這段時間獨處和工作，讓他感受到真正的喜悅，因為他相信自己在追尋著更大的競技賽事，不只是享樂或交際應酬而已。他要在股市工作中追求極致，他參加比賽，並且贏得比賽，這帶給他真正的快樂和滿足。

一般大眾相信股市是一條賺錢捷徑，他們有多餘的錢可以投資，而且相信股市應當為他們的投資增值開一扇方便之門。實情並非如此，李佛摩觀察那些缺乏股市知識卻堅持玩股票的人，通常他們的下場是在很短時間內就賠掉自己的錢。因此，他相信想要在股市中成功的人，得先確定自己睡得夠飽，而且要給自己足夠時間在不受打擾的情況下，研究所有股市相關因素。

除此，切記要在股市中獲得成功，最重要的就是知識和耐心。結論是很少有人在股市獲得成功，因為他們一來沒有耐心，再來通常對股市一竅不通，最後還想一夜致富。一般人最大的困難在於當他們買進股票時，心裡認為這個市場具備賭博的特性。所有人都必須認清，想在股票市場大顯身手，和從事法律與醫學行業一樣必須做足研究和準備。股票市場的一些特定規則必須得仔細研究，就像法學院學生準備上法庭那樣。

好的股票作手和訓練有素的職業運動選手沒什麼兩樣，如果他們想繼續維持心理顛峰狀態，就必須使生理面處於完美狀態。身與

心必須調和，因為沒有任何一個戰場比股市更加緊張刺激。如果有人認為可在股市輕而易舉、快速而穩健、得來全不費工夫地成功，那麼就真的搞錯了。

任何認為成功仰賴機運的人最好離股市遠一點，這樣的人打從一開始就態度錯誤。許多人將李佛摩的成功歸功於運氣，這不是真的。事實上他從 15 歲開始就一心一意地研究這門事業。他的生命都奉獻給了投資，專心一致且竭盡所能。

▋不與人分享市場經驗，沉默是最佳選擇

李佛摩沒有興趣和任何人分享他的市場經驗，不管是好還是壞。畢竟沒有人會在乎的，這和他們的生活沒有任何關聯。他早就明白如果成功了，大多數人會嫉妒並覬覦成功；如果過得很慘，他們會大肆宣揚該人的不幸，告訴他們的朋友說因為該人行事太魯莽，終於在股市裡栽跟頭，而且這一切都是自找的。因此，既然讓別人知道工作情況沒有任何好處，沉默就成為最佳選擇。

對他而言，正確解讀並打敗市場行情，讓他對自己感到滿意。為了實踐新的技巧和理論，他將辦公室從百老匯搬遷到第五大道的海克喬大廈，遠離華爾街的氛圍到一個聽不見任何明牌的地方。他十分仔細地設計新辦公室。他也希望讓自己的操作有更大的隱祕性，好讓自己更放心，不讓任何人知道他的交易狀況，有時他透過

50間以上的經紀公司，以確保交易能祕密進行。

作多或作空不是重點，重點在於交易是否會賺錢。

上漲或下跌階段，投資人賣出股票的速度不同。作空時的手腳要快。

當市場迅速而突然地往下墜落時，投資人全都受制於恐懼。而當市場往上升高時，他們則全陶醉在希望之中。如果投資人期待市場會上漲，他們賣出股票的速度就會減緩。如果他們害怕市場即將下跌，他們通常會急忙倒出持股。這是下跌時速度通常比較快，同時角度也比較陡的原因。如果您要作空，手腳一定要快，市場下跌的型態和情況隨時會變動得比較激烈。

投資大眾向來認為李佛摩是「空頭雷達」，僅憑一時衝動操盤。這真是大錯特錯，其實除了長期市場趨勢之外，他向來對小波段和中波段行情也有高度興趣。事實上，他對報價紀錄上顯現的各類走勢都有興趣。他將之視為值得一試身手的個人挑戰，盡力設法解讀背後所代表的意義。許多人嘗試這麼做，但只有少數人成功。

在多次掉落陷阱並千辛萬苦脫身後，他對自己的工作最滿意的地方之一就是「孤獨」。他愛這份工作的獨立性，樂當一匹孤獨的狼。他和神探福爾摩斯所見略同，線索就明擺在眼前，經由鎮定的

推敲，必能找出難題的解答，辨識出眼前現象的背後意涵。

解決難題，是令李佛摩嚮往的工作。金錢絕對無法解決難題，金錢是解決難題後所獲得的報酬。在他這輩子中出現過幾次的破產，則是沒能解決難題的懲罰。最令人迷惑的是，在市場上交易看似簡單，但實則卻是最困難的事情之一。這是他的事業，他畢生志業，以及他最鍾愛的事。他常告誡自己的小孩，破壞自訂的規則時，就會賠錢，只要遵守自己的規則，就能賺到錢。

遵循自己的原則並嚴守紀律是很重要的一件事。沒有明確、清楚及千錘百鍊原則的投機客，是不可能成功的。原因在於沒有計畫的投機客，好比沒有策略的將軍，根本缺乏可執行的戰略。

預測趨勢不是件容易的事，它之所以如此困難全是因為人性，控制和征服人性是最困難的工作。沒有一套清晰計畫的投機客，只能在股市的刀光劍影中一邊閃躲一邊出招，直到終於倒下為止。

縮手不動，做好情緒管理

頻繁交易，注定失敗

縮手不動，伺機再行動，才能成功。頻繁交易下，經常無法耐

心等到確認的狀況就進場，結果是賠錢收場。

有句格言是這麼說的：「你可以賭贏一場賽馬，但不會每一場都贏。」操縱市場買賣亦然。投資或投機股票，有時會賺錢，但我們不可能一年到頭每天或每周都賺錢。只有有勇無謀的人才會想這樣做，但這是不可能發生，而且也沒指望能成功的事。

正如其他許多投機客一樣，李佛摩有多次都無法耐心等到確認的狀況，因為他想要時時刻刻都能獲利。各位也許會問：「憑他的經驗，怎會容許自己這麼做呢？」答案在於他也是人，也會有人性的弱點。正如所有投機客一樣，讓自己的缺乏耐心鬥倒良好判斷力。投機酷似打牌，不管是橋牌或其他類似的玩法。

在證券和商品投機這個行業中，有些時候從業者必須勇於投機，但某些時候則絕對不能投機。你我都有共通的弱點，這種我們或多或少都擁有的脆弱人性，就是投資人或投機客的頭號大敵。倘若未加小心防範，終必讓人落入陷阱。

人性的一大特點是同時間既感到希望無窮，又覺得驚恐無比。當我們同時將希望和恐懼都注入投機事業時，災難必然沒完沒了。我們必因兩者的相互混淆與立場錯置而瀕臨絕境。

投資人必須完全屏棄個人意見，將全部注意力投注在市場本身

的表現上。市場永遠不會錯，個人意見則常常都是錯的。除非市場的表現與自己的想法相符，否則個人的意見完全沒有價值。

▌屏棄微幅波動，才能在主趨勢中賺到大錢

投機的競技始終是世上最具魅力的遊戲，但是這樣的遊戲，愚蠢的人不能玩，懶得動腦筋的人不能玩，情緒平衡不佳的人不能玩，妄想一夜致富的冒險家更加不能玩，否則他們都將窮困潦倒至死。

關於李佛摩的謠言太多了，但他也會賠錢。他只不過是一個普通人。重要的是當市場不利於自己時要盡快脫身。他是常常賠錢的，他經常想利用周末找出原因，在一個特定時間找出一年以來在某些交易中賠錢的原因。

任何有心想從事投機的人都應將投機視為事業，而不是像許多人一樣把它當成純賭博。投機本身就是一樁事業，有意要從事這一行的人就得下定決心竭盡所能地吸取有用資訊來充實自己，並且了解這一門行業的真諦。四十年來，李佛摩奉獻他所有心力，期望能將投機這門冒險事業經營得成功順利，他已經發現而且還不斷地發掘能應用到這個事業裡的新規則。

投機會讓人窮忙個不停。多數從事投機的人在號子裡流連不

去，成天都有接不完的電話，到了下班時間還有參加不完的行情討論聚會。報價系統上的畫面，整日盤據心頭。他們對那一點點的上下變動是如此熱中，以致錯失大波段行情。不變的是，當大波段行情大搖大擺地往前行時，絕大多數人總是站在錯誤的那一邊。總想著自每一天的價格變動中賺取利潤的投機客，永遠都無法自下一個重要的市場變動中獲利。要克服這樣的弱點，就必須做股價走勢紀錄，研究自己所做的紀錄，以了解這些價格變動是如何發生，並且將時間因素列入考慮。

不要縱容自己對整體股市不是完全看多，就是完全看空，因為某些特定類股中的單一個股就是會出現與一般市場**趨勢**背道而馳的表現。但是，以前李佛摩從不這麼做，他有強烈欲望想打遍股市無敵手，而整日進進出出的結果，就是讓他付出慘痛代價。頻繁進出的渴望，壓倒常識與研判。雖然他對第一組和第二組類股的操作讓他賺到錢，但因進攻信號尚未出現他就進入另一類股，因而吐出不少原先的獲利。

在我們什麼也不做的時候，那些自覺必須天天殺進殺出的投機客，正在為我們的下一趟冒險之旅打點基礎。我們將自他們所犯的錯誤中歡呼收割。

儘管其他類股中有某幾檔股票告訴李佛摩，它們的走勢已經到了盡頭，但在決定執行手中的交易前，仍當耐心靜待時機來臨。時

間一到,這些股票自然會明確地出現相同信號,這才是他在等候的線索。

▌散戶經常用希望與恐懼進行交易

上漲或下跌階段,投資人賣出股票的速度不同。作空時的手腳要快。

當市場迅速而突然地往下墜落時,投資人全都受制於恐懼。而當市場往上升高時,則全陶醉在希望之中。如果投資人期待市場會上漲,他們賣出股票的速度就會減緩;如果他們害怕市場即將下跌,通常會急忙倒出持股。這是下跌時速度通常比較快,同時角度也比較陡的原因。如果各位要作空,手腳一定要快,市場下跌的型態和情況隨時會變動得比較激烈。

不管作多或作空,交易方向其實並無好壞之分,唯一要在意的是交易能否「賺到錢」。李佛摩發現作空違背人類天性,人性基本上是樂觀而積極的。他相信作空的股市操盤手會少於4%。而事實上作空也確實「極端危險」,因為潛在的損失是無底洞。作空,需要堅強的情緒控制。

投資或投機想要成功,首先就必須對某一特定股票的下一個重要變動心中有譜。投機,說穿了就是預測未來的變動。為了要能正

確做出預測，對該項預期就必須有所本。

優秀的投機客總是耐心等待，等待市場來印證他們的研判。例如，在心裡用市場角度分析某一則公開報導會對市場產生什麼樣的影響。試著去預測此一特定報導在市場上所引發的心理效應。就算相信它會在市場上產生明顯的利多或利空效應，除非市場本身走勢驗證自己的想法，否則千萬不要一意孤行。市場的反應可能不如預期般明顯，當市場不認同時，千萬不要過度期待或採取行動。下手得稍微慢一點，無異是為自己的對錯買個保險。

對李佛摩而言，投資股市的股民們好比一票群龍無首且等著上鉤的魚，當他們害怕會遭遇危險時，會非常迅速地隨意出招。

一旦了解主宰股市的重要因素是人類情緒這一層之後，我們便可向成功操盤手之路大大跨進一步。心中一旦有了這樣的想法，股市操盤手必須看清眼前情況的背後意義，然後仔細分析，謹記每個人基本上都接收同樣的資訊，有的人成功而有的人失敗，一切就看如何詮釋手上接收的資訊。

作息規律，做好情緒管理

投機是一門專業

生意人在新店開張時，不會期待第一年的投資就回本超過25%。但是對進入投機這一行的人而言，25%實在不夠看，他們要的是100%。然而，他們的期待是錯誤的，他們沒將投機當成事業來看待，也沒有運用經營事業的原則從事投機。

李佛摩時常躺在床上準備就寢時，腦海裡卻還不斷地想著為什麼無法預見某一個立即會出現的走勢變動。次日凌晨天還未亮，他已醒來，心中有了一個新的想法，他等不及黎明到來，好讓他能著手檢視自己對過去走勢所做的紀錄，以確定新方法是否真的有價值。

在多數情況下，這些新想法都絕非百分之百正確，但是好處在於這些新想法都儲存在他的潛意識之中。也許，稍後又會有另一個新想法形成，就可以立刻加以檢視驗證。時候一到，這些各式各樣的想法就會開始清晰具體，因而他發展出一套做紀錄的方法，利用這些紀錄來引導他。

絕大多數的人都在見招拆招碰運氣，並且還為此付出高昂代價。即便是知識分子、專業人士和退休人員也都將投機視為副業，沒給予太多關注。除非他們的經紀人或營業員給他們報明牌，否則

不會進出股市。

　　世上每天都有成千上萬的人在從事投機，但其中只有極少數人願意為投機奉獻全部時間。李佛摩說不妨隨身攜帶一本小冊子，記下一些有趣的市場訊息：一些未來也許用得上的想法、一些值得一再咀嚼的觀念、一些自己對價格變動的個人心得。或許可就此開發出屬於自己的股市交易策略。

　　李佛摩總是建議有志於股市的人，小筆記本上第一則要寫下來的話就是：提防內線消息，所有的內線消息。

　　李佛摩常從報紙上挑出一些不起眼的小線索，在仔細研究並找出背後意涵後，才會採取行動。大眾認為他只是一名投機客，找到機會就進入市場。這種說法跟事實不符。

　　他絕不是只讀頭條新聞而已，他看得很仔細，尋找可提供重要線索的小新聞，特別是有關產業或個股，由衰轉盛或由盛轉衰的報導。

　　很不幸地，許多人投資股市僅憑閱讀標題，並且太輕易就相信自己所看到的事物。但是這裡面有太多陷阱、詭計和危險。只要是牽扯到很多錢的地方，例如股市，奸詐的金錢陷阱就會出現。他觀察到，在報紙上看到的事情不過就是又一檔股票明牌，因此必須留

意相關股市報導的來源、動機與效應，否則也會變成傻瓜。

▍細心且自律，才能正確判斷

少有人會實實在在地計畫自己的日子。這些人的計畫，表面上看來井然有序，但許多重要事項卻不是他們所計畫的。大多數生意人的一天行程是由祕書和員工規畫好的，自己僅負責出席。當一天的行程走完後，最重要的事情通常尚未處理、尚未審查、尚未完成。

李佛摩是個高度自律的人。平常工作日，每晚10點就寢、早上6點起床。起床後第一個小時，他不要有任何人出現在身邊。他住在長島寓所時，廚房人員會訓練有素地將咖啡、果汁和報紙放在充滿光線房間的餐桌上。他終其一生都習慣性地大量閱讀，他利用早上起床後的一、兩個小時來計畫自己的一天。

任何粗心大意都會令人無法承擔，有時一次疏忽，不管是大是小，就能毀掉一切，扼殺所有計畫。就像將軍執行作戰計畫一樣，在股市裡同樣沒有犯錯和怠惰的空間。

細心且自律的人必須留意所有的東西，做到無所不知的地步。

李佛摩時常擷取特定的小新聞事件，諸如氣候問題、乾旱、昆蟲肆虐、工人罷工等，他會評估這些事件對穀物、小麥或棉花收成

產生什麼樣的影響。這樣一來他就有了一些概要輪廓，或許他會因而出手交易。

解讀財經方面新聞的方式是，檢視商品市場的實際價格和走勢，例如煤、銅、鋼鐵、紡織品、糖、穀類、汽車銷售及就業數字。他因而對美國的一般商業狀況很有心得，且能正確判斷。林林總總的事實，最後引他走進一條狹窄的交易之路，那絕不是單一事件促成的。

李佛摩常是在辦公室經理及保全經理之後，第一個抵達辦公室的人。6位抄黑板的員工9點前會進辦公室，在黑板前就定位，記錄成交數字。至於成交量，他直接看報價系統上出現的數目。他將主要報價系統放在黑板正中央的高座講台上，如此一來他只要站起身，眼睛向下看，就能知道他所擁有或關注股票的走勢。

他也將電話直接與當時的熱門交易所連線，他通常都採用高座型的報價系統，這樣他就必須站著看行情報價。直立的站姿，讓他有良好的血液循環，呼吸也比較順暢。他發現這麼做可以讓他在緊張的交易時段中保持鎮定。市場交易時段中，他幾乎都是起身站立著，他藉此做點運動，並且讓自己提高警覺，他從不彎腰或採取散漫坐姿。他把股市當作一個需要全神貫注的大挑戰，絕不能懶散，即使是打電話也都站著。

操盤經典與台股案例

操盤經典

在人性的希望和恐懼主導之下,以 30 美元買進股票之後的操作,如圖 5-1。

如果第二天股價很快上漲到 32 或 32.5 美元(A)。這時如果害怕了,想著要是不立刻獲利了結、落袋為安,明天恐怕一切都將化為烏有,於是賣出股票(C),帶著那小小的一筆利潤出場,而此時正是你我應當享有人世間所有希望的時刻!為什麼要擔心前一天還不存在的 2 美元利潤呢?如果一天就能賺 2 美元,那麼隔一天可能再賺 2 美元或 3 美元,下一周或許可能再賺 5 美元。只要這檔股票表現正確,市場也正確表現,就不必急於實現獲利。你知道自己是對的,因為如果錯了根本不會有利潤。讓利潤自行發展吧,也許它終將成為一筆很可觀的回報,只要市場表現不會引起擔心,那就勇敢地堅持自己的信念,緊緊抱牢(E)。

如果第二天股價跌到 28 美元,帳面上出現 2 美元損失(B)。我們也許不會擔心隔天這檔股票可能繼續下跌 3 美元或更多。是的,毫不擔心,可能會認為這只是一時的反向波動,相信隔天就會回到原來價位。然而,這正是應該擔心的時候。在這 2 美元的損失之後,有可能雪上加霜,隔天再下跌 2 美元,在接下來的一周或半個月可

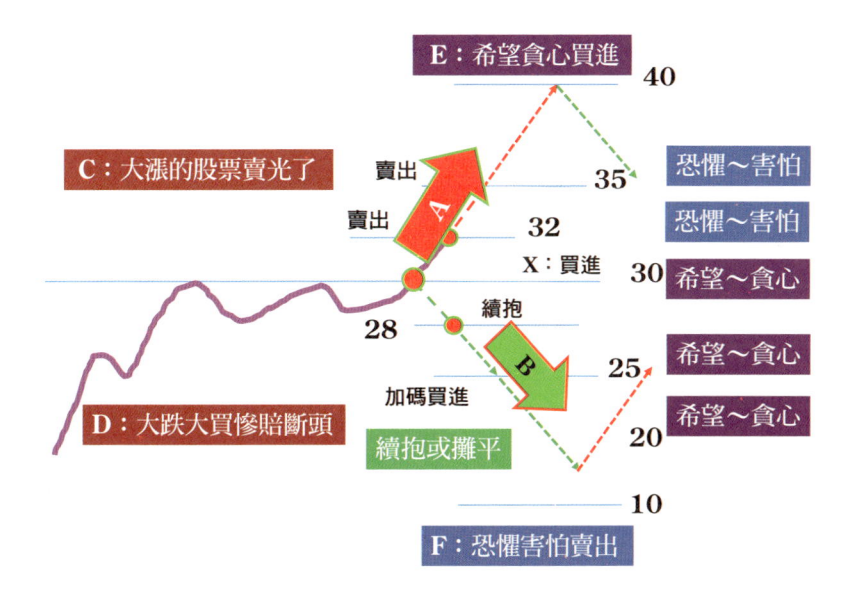

圖 5-1　人性的希望和恐懼，在實戰操作過程中的影響

能再下跌 5 或 10 美元。此時正是應該害怕的時候，因為如果沒有停損出場，稍後可能會被迫承受更大的損失（D）。此時應當賣出股票來保護自己，以免虧損越滾越大（F）。

▌台股案例

圖 5-2 說明操作陽明海運（2609）時，長多長空趨勢中的「恐懼與害怕」「希望與貪心」之糾結。

本章小結

李佛摩親撰的《傑西‧李佛摩股市操盤術》一書，第一章開頭就講了四種人不能玩投機遊戲。整本書以人性問題是投機失敗的罪魁禍首起始。四種人注定投機失敗：

- 愚蠢的人。
- 懶得動腦的人。
- 情緒管理不佳的人。
- 妄想一夜致富的人。

操盤賺錢最困難的地方，在於無法克服個人的人性問題。

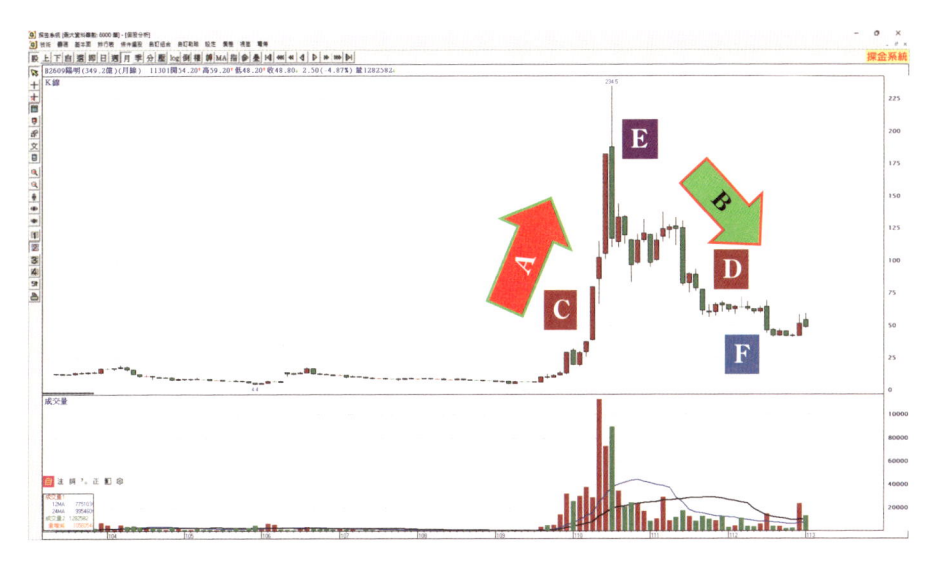

圖 5-2　陽明海運長多長空趨勢

為什麼這四種人不能進入股市？

投資市場是違反人性的市場，一般正常人的邏輯與人性問題將帶來毀滅性的財務災難。這四種人就是一般正常的人。主力大咖運用大眾媒體或公開的平台演出一齣戲，形成市場的一些漲跌現象，順利完成進貨與出貨，進而達到暴利落袋等目的。投資市場是他們的表演平台，股票走勢是他們進出貨的軌跡。他們雖然演得跟真的一樣，但總是有破綻。這也許可從籌碼面發現，也許用簡單的邏輯推敲就能看穿，但也可能因為主力大咖的資金實力強大，運用媒體製造利多利空，撼動市場，搞得大家頭昏眼花，看不清市場方向，以至於做多做空都失敗。

情緒管理，講得白話一點，就是操盤時的人性弱點或人性問題管理。《股票作手回憶錄》一書，其實故事自始至終都在講兩件事：

- 因各式各樣不同的人性問題，導致賠錢收場。
- 人性是導致操盤失敗、賠錢主因。

在導致操盤失敗的人性問題，又分成兩種：

- 自己陷進自己的人性問題。
- 自己被別人陷害或利用因而產生人性問題。

《傑西‧李佛摩股市操盤術》一書說的四種操盤失敗的人，其實是在談人性問題導致操盤失敗。如果各位原本就屬於這四種人之一，解決之道在於藉由李佛摩相關系列書籍與課程學習投資邏輯，進場出場關鍵點技巧，搭配良好資金管理、情緒管理、人性管理與投資策略，最後必能讓操盤中每一筆交易都正確，那麼在股市裡獲得合理報酬的情形就會不斷發生。

6
Chapter

資金管理

正確運用資金管理技巧，
能夠管理好虧損風險，並達到擴大獲利效果。

資金管理心法

勇於承擔第一筆小小的損失

利潤總是能夠自己招呼自己，損失則永遠做不到這一點。從事投機的人要勇於承擔第一筆小小的損失，以避免損失擴大。留得青山在，不久的將來當你又有好主意時，才有能力再度出手交易，奪回失土。

多年來，每次李佛摩成功結束一筆交易後，都會將獲利的一半提出來換成現金。這真是個好方法，它具備一種心理上的價值。他真的是這麼做，把它當成是一個決策來執行。把錢放在經紀帳戶，跟放在銀行帳戶裡是不同的，後者讓人有把錢放在掌中的感覺。這種擁有的感覺，會令人減輕拿這些錢再次搏命，降低再次損失的那股頑強衝動。一般投機客在這些事情上的態度極為漫不經心。

從事投機的人，必須自己擔任自己的保險經紀人。要將這個行業持續經營下去的唯一辦法，就是看牢自己的帳戶，絕對別讓自己在能夠正確判讀市場時，卻因過去損失過鉅，以致無力操作交易。

當投機客有幸將原來的資金變成兩倍時，應當馬上提出一半獲利另存起來。這個方法好幾次幫了李佛摩大忙，他只後悔這輩子沒能徹底遵守，雖然這個方法已多次為他排憂解難。

每筆加碼買進價要比上一筆高

投機本身就是一項事業，人人都應當如此看待。別讓自己被興奮、諂媚或誘惑沖昏頭。要記住，有時候經紀人在不自覺的狀況下，成了毀滅投機客的人。經紀人所從事的是賺取佣金的行業，除非客戶交易，否則他們便無利可圖。客戶交易次數越多，他們就賺越多。投機客想要交易，而經紀人非但願意讓客戶交易，甚且還鼓勵客戶過度交易。無知的投機客把經紀人當朋友，而且很快就踏進過度交易的陷阱。

若是投機客夠聰明，知道可以過度交易的時機，那麼過度交易的確是可行的。然而，很可能他雖知道擴張信用交易要有適當時機，卻在養成習慣之後怎麼樣也戒不掉。他們將過度交易的時機考量拋諸腦後，因而失去了投機成功最倚重的那股獨特的平衡感。他們忘了以往曾經犯錯的日子，等到犯錯的那天又來臨時，得來容易的錢全長了翅膀——世上又一個投機客破產了。除非我們確知交易結果無礙自己的財務安全，否則不要出手交易。

非常重要的一件事是，每一筆加碼買單的價格都要比它的前一筆高。同樣的規則當然適用於放空，只不過每一筆空單成交價都得低於它的前一筆。對沒有經驗的投機客而言，最困難的部分在於每一個部位的成交價在節節升高。為什麼？因為每個人都會貪小便宜。每一筆交易的成交價升高是違反人性的，人們總想要買在底部

並賣在頭部。心裡再如何掙扎也敵不過事實，不要滿心期望，不要和行情報價爭辯，因為它永遠是對的。在投機領域中，沒有希望、揣測、恐懼、貪婪、鬧情緒的空間。股價的表現就是事實，但人類的詮釋則常常隱藏著謊言。

投機客可自行決定最適合自己的資金管理方式，而李佛摩認為最有效的作法是：

- 不要一次買進全部都在同一價位。
- 等待自己的判斷獲得確認，每一筆分批買進價都比上一筆高。
- 著手交易前，在心裡先盤算好要買進的總股數或要投入的總金額。

千萬不要承擔超過本錢 10% 的損失

這是李佛摩在空桶店那裡下單交易時學到的，在這些地方所有交易的保證金都是 10%。當損失超過 10% 下限時，空桶店會自動出清他的部位。10% 損失原則便成為他最重要的資金管理守則，同時也是一個關鍵「時機」守則──設定自動出場的時間。

當營業員打電話告訴你，你持有的那檔股票正在下跌，需要更多錢來補足保證金時，請告訴對方把部位都賣出去吧。當你用 50 美元買的股票跌到 45 美元時，千萬不要去做買進攤平的動作。若股票

的表現已不如預期,這足以證明你的判斷是錯的。帶著損失快快出場吧!千萬不要補繳保證金,也千萬不要攤平損失。

請謹記,投機客在出手交易前一定要牢牢設好一個停損點,而且千萬不要讓自己承擔超過本錢 10% 的損失。大眾經常變成「無可奈何的投資人」,他們買進的股票下跌了,卻拒絕出脫股票接受損失。他們情願抱著股票,期待反彈最後能出現,股價再重新往上漲。這也正是 10% 守則重要的地方,不要淪落為下一個無可奈何的投資人,快快認賠吧!雖然這說起來容易,做起來難。

避開長期不動股,把錢投資在熱門股

李佛摩在後半生時期研發出一套著重股票交易時機的操作理論。藉著快速移動避開股票長期擱淺動彈不得的窘境,資金也因此活絡起來。就像雜貨店老闆手上有一項滯銷貨品,一直放在貨架上,明智的老闆會出清那項商品,然後用那筆錢去買進市場上熱銷且賣得出去的貨品。

成功的投機客必須隨時都擁有現金庫存,就像優秀的將軍身邊留著的預備部隊可為正確時刻之用。將軍將憑藉堅強信念指揮軍隊,讓軍隊為最後決定性的勝利出擊,因為將軍知道必須耐心等待所有正確因素的到來,以及所有情勢都對自己有利之時。

把錢投資在那些會動的領導股上。時間是股市操作中真正重要的因素。聰明的投機客永遠要有耐心，以及一筆備用現金。在市場上競技時，有時候我們的錢應該保持靜止不動，拿著現金在場邊等，等著進場去玩。放在一邊的錢，常常稍後就有好機會，這時的本金便可移動到正確的情境中，賺進一大筆財富。耐心、耐心，唯有耐心才是制勝關鍵。

波段反轉、行情啟動後要緊抱部位，直到危險信號出現

緊緊抓住勝出的股票，只要它表現正確，就不要急著獲利了結。各位要知道這代表你的基本判斷是正確的，否則根本賺不到錢。只要大盤和個股走勢沒給你帶來煩惱，就讓它向前走，對自己的信念要有堅持的勇氣，不要放棄！

當李佛摩交易處於獲利狀態時，他從不窮緊張，他可以在擁有單一個股部位高達數十萬股時，仍然睡得像個小嬰兒似的，原因何在？因為他的那筆交易正在獲利中，他只不過在使用交易過程中的獲利，這是股票市場的錢，這些獲利要是賠光了，他也只不過損失那筆他本來就不擁有的金錢。

不要將「讓持股部位往前走」的策略，與「買進後緊抱不放」的交易策略混為一談。買進股票最要緊的考量之一，就是要盡可能接近反轉關鍵點，或行情持續關鍵點。他的關鍵性決定，就是在這

個時點上做成的。如果股價從反轉關鍵點往上走，他會放心大膽地抱著，因為從那個點位開始，他操作的是交易所的錢，而不是他個人的資金。只要他的部位是賺錢的，他就會完全放鬆，氣定神閒地觀察股票走勢，什麼都不必做，直到交易結束的時機來臨。紙上富貴化為烏有的可能性從不曾困擾他，因為這從一開始就不是他的錢。因此，他最主要的工作是尋找反轉關鍵點和行情持續關鍵點。

如果股票基本上根本沒什麼負面表現，那就好，讓它走上一段！它也許會帶來龐大利潤呢！如果股價脫離關鍵點後朝相反方向走，李佛摩會自動出清持股。本守則的重點是：損失要斬斷，獲利則要有往前跑的空間。

不要持股滿檔

連有經驗的投機客也會常犯的一大錯誤，就是「買進廉價的股票」，就只因為價格低。雖說在某些情況下，股價在需求推升下的確有可能從 5 或 10 美元的低價，上漲到超過 100 美元，但多數這類低價股沒過多久便會被列入清算管理，為世人所遺忘。再不然也只能年復一年苟延殘喘，股東們指望回本的希望十分渺茫。對投資人而言，選股時的首要之務是找出前景最看好的產業類股，區分出哪些類股氣勢最強，哪些則相對不那麼強勁、比較弱，或是相當疲弱等。

一般大眾在投資市場上極少成功，這是眾所皆知的事實，因為

一般人沒有讓自己的投資和投機資金保持適當流通。一般大眾總是處於永久性的持股滿檔或套牢的狀況，沒有預留任何現金或購買力。

投機客不該只因這檔股票看起來很便宜，便一頭栽進蕭條產業類股中的廉價個股。目光要放在健康強勁的產業類股身上。讓你的資金保持流動，並隨時為你效勞！

不頻繁交易，耐心等待重大波段行情啟動

如果李佛摩要用 200 美元才能買進一檔股票，預期它會上漲 20％或 10％以上。預估動用 20 萬美金才能賺到 2 萬，這個投資對他而言沒有什麼吸引力，因為它的風險相對報酬率是不平衡的。不管你是多麼優秀的操盤手，在股市裡有損失是無法避免的，你必須把這點列為操作成本的一部分，連同利息、經紀費和資本利得稅一併計算。依李佛摩的個人經驗看來，少有投資人在下手交易前計算過風險／報酬率。試著去做做看是很重要的，一定要有一個詳細的計畫。

李佛摩的交易頻繁度，比一般大眾所想像的要低很多。這樣做需要有很大的「耐心」，等待所有因素都匯集到對他盡可能有利，包含大盤的方向、產業類股、姐妹股的走勢，以及最重要的是時機正確，而且來到一個重要的關鍵點。

他十分關心潛在獲利與投資金額之間的比率。在他下半生的生涯裡，只對「重大走勢」有興趣，只關心股價的重大波動。

設定好價格與時間的停損

當買進股票時，應該先想清楚一旦股票走勢不利於自己，要在損失多少時就賣出持股，而且必須謹守自己的原則！李佛摩利用關鍵點買進股票的另一項理由是，因為它給了相當明確的參考點。他能看清楚這個點，究竟是一段走勢的頭部或底部關鍵點，或是突破新高的關鍵點，抑或是整理完成後的行情持續關鍵點。他再根據這個參考點選定他的停損點，也就是情勢不利於他時的結清交易點。

他絕不持有走勢方向不如他預期的股票。他會一直等到盤算中的完美時機出現時才買進股票。若他相信股票應該在幾天內開始動，或者認為會在一段合理時間內往上走，而股票卻沒有這樣表現時，他就會賣出持股。他會等候數天、數周或數月，等到股票自己走向他認為最適宜的點位上。換句話說，等待一個他能介入的完美時機，這時每個因素都對他有利。如果該股票的表現不如他的預期，就算沒有下跌，他也經常會出脫持股。在股市進出多年讓他學會一件事：機會永遠都存在。拿著現金就預備位置，意謂著資金或存貨閒置，但是假以時日當那個「特別的情況」出現時，將會創造出龐大利潤。

李佛摩總是在下手交易前設好停損。許多人不但總是賣出手中的好股，而且留著賠錢股，還會握著手中表現平淡、毫無作為和方向的股票。在李佛摩後半段的交易史中，他絕不持有走勢方向不如預期的股票。

避開走勢不明確的弱勢股

　　最糟糕的就是那種所謂「走勢飄忽」的股票，這些股票沒有按照操盤手的期望走，讓他們手頭的資金被綁在荒蕪之境，像孤魂野鬼一樣。

　　每當李佛摩必須將一切寄託在希望時，他總會感到自己暴露在危險之中。當他承擔損失時，他知道自己的處境，也知道該怎麼做才能扳回損失並重新獲利。如果他手中還有損失中的部位，或走勢不明的部位，往後的每一筆交易他都會受到干擾。他發現自己只能交易充滿活力的股票，領先群倫且天生有動能的股票。

　　許多人買進股票後就把它們鎖在保險箱或金庫中，覺得自己的投資十分穩當。這絕對是大錯特錯，絕不可以認為股票能夠買來存放到未來。投資人經常將許多原先認為安全的好股票，像是把錢「存放在銀行裡」一樣安全的股票，舉凡鋼鐵、無線電、飛機、石油、鐵路等，最後都隨著歲月而走味變調。因為資金被凍結，這些操盤手喪失許多操作勝出股票的黃金機會，這些股票本可為他們帶

來利潤和成功，現在卻由於資金被套在沉悶且沒有利潤的困境中，因此喪失獲利機會。

李佛摩深信資金要保持流通。當一個商人有部分資金被「凍結」而不能運轉時，就必須利用沒有被凍結的資金來創造所有利潤，這會對他形成桎梏，因為未凍結的資金必須付出雙倍努力，才能補足沒有生產力的死錢所造成的結果。

▌手邊永遠保有現金

如果股票走勢與李佛摩預期相違，他不會留著部位讓它有超過數點以上的損失。而且，如果股票走勢在幾天之內都無法如他預期，他也不會再握著那個部位。這是他交易技巧中的精髓，也是他保持資金運轉的方法。乍聽之下可能令我們感到矛盾，但實則不然。他常常抱著所有操作資金，遠遠地坐在市場外邊，他一直等待，等著市場選擇自己要走的方向，等著完美交易情境到來。操作市場的關鍵在於，手邊永遠要有現金可付諸行動。

他從市場上許多老手及個人經驗中學會「千萬不要攤平損失」。也就是說如果買的股票價格下滑，千萬不可以再買了，不要試著將成本攤低，這種作法成功的機會很小。

然而，「加碼往上買」卻時常奏效，也就是隨著價格往上走一路

加碼。只不過他發現這樣做也是有風險，所以他盡量在一開始就建立主要部位，也就是在起始關鍵點處。然後，在股價來到他所謂的行情持續關鍵點時，也就是股票有足夠力量從整理走勢中脫穎而出時才加碼。

他的意思是說，操盤手必須等待，直到股票證實自己要突破行情持續關鍵點往上漲。操盤手不可一心期待這個情形出現，因為直到股票自己表態前，過度期待是一種冒險。在這種緊要關頭，操作股票的人必須像老鷹一樣目光如炬、蓄勢待發，但就是不要受希望的影響而產生心態偏差。

操盤手最後一次的金字塔加碼機會是當股票帶大量突破新高之時，這是個非常好的現象。因為這非常有可能代表上面已沒有任何套牢籌碼，會在短期內阻擋股票漲勢。

對投機客而言，最重要的一件事是保留現金，才能在股市出現機會時能夠下場操作。當所有有利因素匯集形成「完美時機」時，擁有一支堅強的現金軍隊準備好隨時採取行動，這種感覺真是無與倫比。

金字塔操盤法是個險招，任何想要使用的人都必須手腳靈敏且經驗豐富，因為股票漲越高或跌越深，情勢就會越危急。

李佛摩努力將所有大手筆的金字塔加碼手法限制在走勢起始之初。他發現股價脫離底部一大段之後，使用金字塔操盤法是不明智的，最好是等待行情持續關鍵點出現，股價突破新高之時才加碼。

資金管理的投資邏輯

想在股市賺錢，就必須管好手中的錢

當投機客有幸將原來的資金變成兩倍時，應當馬上提出一半獲利另存起來。這個方法好幾次幫了李佛摩大忙。他只後悔這輩子沒能徹底遵守，雖然這已多次為他排憂解難。他也曾把在華爾街賺到的錢「投資」在其他商業冒險上，最終總是賠光每一分錢。他不曾在華爾街之外賺到半毛錢，但賠掉的錢卻高達數百萬。

他曾為了上述冒險計畫中的其中一項，向一位朋友鼓吹入股 5 萬美元。朋友十分專注地聽完他的陳述，然後說：「李佛摩，你除了做本業之外，你是不會成功的。如果你要拿這 5 萬美元去投機，我馬上把錢拿給你。求你把這錢拿去投機，千萬別去碰剛剛所說的那個生意。」

李佛摩告訴兒子，從事自己在行的行業，而他自己就對投機在行。經過多年時間，他從華爾街賺走無數個百萬美元。但華爾街之

外的投資，全都慘不忍睹地失敗，簡直就是災難，賠光了投資在上頭的每一分錢。

如果操作中的股票顛簸不前、不上不下，看不出是在吃貨還是在倒貨，當這種混沌情況出現時，出場有時比承擔倒貨風險好，以免股價最後往下走時得停損認賠。李佛摩並不是說股票在上漲走勢中，不會有正常的修正或整理。雖然我們必須要給股票一點時間，讓它從這樣的情況中走出自己的方向，但它若猶豫不決，我們也絕不能手軟，第一時間就得出場。然後，繼續去尋找下一個交易標的。

儘管有些股票在他手中已經讓他賺了一、兩點，他還是會把它賣掉，因為他不喜歡那種衰弱或跛足式的走法。他不在乎自己打平、小賺或小賠，這檔股票的走法和他分析或相信要有的表現不符是不爭的事實。

結論很簡單，他的判斷是錯的，所以必須退出交易。他能確定的一件事是，過去的判斷有錯，未來也還會再錯。危險在於沒有認清自己的錯誤並退場，足智多謀永遠是對的，而驕傲卻只會讓自己跌倒。

唯一可緊抱的股票，就是獲利中的股票

股市有三分之一的時間向上，三分之一向下，另有三分之一橫

著走。成功的操盤手必須順著市場方向進行交易，沿著最小抵抗線的方向操作。不管作多或作空，對李佛摩而言都沒困難，因為多空的操作邏輯都相同。如果他因為股票作頭而出脫多方部位，那麼站到這檔股票的空方位置就容易了。股票畢竟沒有生命，他對它沒有感情，沒有所謂的好股票和壞股票。對投機客而言，只有會賺錢的股票。所有操盤手都必須留意的是，傲慢與偏見所造成的後果，因為在股票走勢與我們相違背時，必須下定決心承認失誤，立即出脫交易部位。

尋找長期趨勢反轉關鍵點的主要轉折點能力，是股市操盤手最重要的技能。只要能掌握完美的心理時刻，在景氣和恐慌時期進出股市，就可以賺到大錢。大多數操盤手會忘記一項鐵則，我們一定會在某些交易中犯錯。成功的關鍵在於立刻退出交易。

當李佛摩提到「坐著等」時，他指的不是在買進股票之後，而是在買進股票之前。買進股票之前的那段時間，才是必須坐著好好等待全部有利因素，成就一樁完美或者說盡可能完美的交易。

他的個人守則是：確認自己盡可能擁有最多的有利因素，千萬不要急著進場，慢慢來，機會多得是。要記住，無論別人如何舌燦蓮花，一旦蒙受慘痛損失，想要奪回失土是非常困難的。一個沒有現金的股票作手，就好比一個沒有存貨可以買賣的商人。

一定要有耐心，慢慢來，保住自己的老本是最重要的。只有當你玩的錢是「交易所的錢」時，才是唯一的例外，因為這時你的本錢是直接從市場或個股拿過來的。

　　李佛摩從來沒做過盲目買進並抱著一檔股票的事。誰知道未來會發生什麼事？世事多變化，當初買進某一檔個股的基本狀況，怎麼可能會不變呢？如果盲目買進與持有的基本理由，只因為「這是一家很棒的公司」「是表現很強勁的產業」，或是「總體經濟很健康」，這樣的說法對李佛摩而言無異是自殺行為。買進股票最要緊的考量之一，就是要等待盡可能接近反轉關鍵點或行情持續關鍵點的出現。他的關鍵性決定，就是在這個時點上做成的。

　　李佛摩從不擔心會有損失，理由很簡單，他在指標招呼他時，立刻採取行動，並且開始建立部位。從那時候開始，他唯一要做的事，就是坐穩且讓市場走出自己的路。他知道只要能做到這點，獲利了結的信號會在適當時刻出現，招呼他出場。只要他有等待信號出現的膽識和耐心，走勢也會屢試不爽地配合演出。

　　每一次，只要李佛摩秉持耐心等著市場來到他所謂的關鍵點才下手交易，他總是能賺到錢。

減少虧損與擴大獲利

只有快速停損，才有機會下次再拚輸贏

很多投機客這樣認為，如果有本事在兩個月內賺到 5 個資本額，再給他 2 個月，就可以將資金再放大 5 倍！他要發大財了！這樣的投機客，永遠都是貪得無厭的。他們四處砍伐，總有一天會失手，於是慘烈、令人措手不及、具毀滅性的損失發生了。最後的下場就是來自經紀人的保證金追繳令，沒錢繳交的結果，就是讓這場大膽冒險終成南柯一夢。

所有投機客都會犯下的一項嚴重錯誤，就是妄想一夜致富。他們捨棄在二到三年讓財富累積 500％ 的機會，轉而追求用二到三個月的時間坐擁金山。有時他們的確能做到這個地步，但這些蠻幹的操作高手守得住這些財富嗎？答案是不能，因為這些錢不健康，來得快，去得也快。在這種處境下的操盤手，會喪失平衡感。

生意人在新店開張時，不會期待第一年就超過 25％ 的投資回本。但是對進入投機這一行的人而言，25％ 實在不夠看，他們要的是 100％。然而，他們的打算是錯誤的，他們沒將投機當事業看待，也沒有運用經營事業的原則從事投機。

無能的投機客所犯下的嚴重失誤真可謂林林總總，李佛摩已經

警告過的一項嚴重錯誤是攤平損失。這是最常見的失策，千萬不要向下攤平交易成本。投資人從經紀人那裡所得到唯一可以確定的決策，就是追繳保證金。當追繳保證金的消息傳到耳裡時，立刻結清帳戶，千萬不要去補足保證金。

不要去補足保證金，因為在市場已經站錯邊了，既然已犯錯，何苦還要繼續將錢好端端往虎口裡送？把錢留著來日再用，不要繼續投入那個顯然已經失敗的交易，留著冒更有勝算的險吧！

不要一次買進全部的部位

投機客可自行決定最適合自己的資金管理方式。李佛摩認為最有效的作法是：

- 不要一次買進全部的部位。
- 等待自己的判斷獲得確認，也就是每一筆分批買進價都比上一筆高。
- 著手交易前，在心裡先盤算好要買進的總股數或要投入的總金額。

不管你是多麼優秀的操盤手，在股市裡有損失是無法避免的一件事，必須把它列為操作成本的一部分，連同利息、經紀費和資本利得稅一併計算。

依李佛摩的個人經驗來看，少有投資人在下手交易前計算過風險相對於報酬的比率。試著去做做看，這是很重要的，一定要有一個詳細的計畫。

沒經驗的操盤手要避開的陷阱是，試圖尋求一段重大交易周期中的確切底部。一定要記住，操盤手有許多時候必須退出市場，並且站在場邊等候。李佛摩的個人經驗告訴他，確切的頭部和底部是不可能找到的，但最好警覺地站到一邊去。

所有的操盤手都必須留意傲慢所造成的後果，因為在股票走勢與我們相違背時，我們必須下定決心承認自己的失誤，立即出脫交易部位。大多數操盤手會忘記這個鐵一般的事實，我們一定會在某些交易中犯錯。成功的關鍵在於立刻退出交易。

當手中還有部位時，置身事外並等候市場走出自己的方向是很困難的，因為手中有部位，所以自然而然地會往部位的方向傾斜，也就是偏見。如果你作多，就會潛意識地偏向多方；如果作空，就會在潛意識中希望股市走跌。這也就是李佛摩為什麼經常賣出所有部位，並且手握現金重新評估市場的原因。他這麼做會產生費用的損失，但他把這看成是邁向個人目標所必須付出的一小筆保險金。他也很明白，所有股票不會在同一時間作頭，但屬於同一產業類股的股票則通常會同時作頭，這時新的類股會進場，取代它們的位置。他所要細心觀察的是領導股的整體走勢。

所有人應該都要知道，出錯時不要為自己找藉口。承認自己的錯誤，從錯誤中學習以賺取利潤。當我們犯錯時，我們全都心裡有數。投機客犯錯時，市場會立刻告訴他們，因為他們在賠錢。一旦發現自己犯錯，就必須立即出清部位，並承擔損失。不要為自己找藉口，應從錯誤中學習。

把全部部位都建立在單一價位上是錯誤且危險的。最好是先決定總共要交易多少股。

每一筆交易都賺錢，就是基本判斷正確無誤的證明，股票確實往正確的方向走，而這是我們唯一需要的保證。相反地，如果在賠錢，立刻就會知道自己的判斷錯了。

每個人都應發展出自己的指標

從事投資或投機想要立於不敗之地，就必須要有指標來導引。李佛摩運用的指標也許對別人而言毫無價值，何以如此？如果這些指標對於李佛摩是無價的，為何它們無法對我們發揮同樣功效？答案是：沒有任何一項指標可以做到百分之百正確。

李佛摩相信不管是誰，只要肯花時間耐心研究價格變動，假以時日必能發展出一套屬於自己的指標，來幫助日後的投資。如果使用了一個他最心愛的指標，他知道結果應當如何。如果股票表現不

如他預期，立刻就能確定時機尚未成熟，因而他會將這筆買賣結束。也許幾天後，他的指標會告訴他，可以再度進場了，這時他會回頭再進場。也許這次就能百分之百正確了。

每一次冒險過程中，只能投入全部資本的一部分。對投機者來說，現金就像是商人貨架上的商品。

操盤經典與台股案例

操盤經典

太多投機者衝動地買進或賣出股票，幾乎把所有部位都建立在同一價位上。這樣的作法非但錯誤，而且十分危險。正確作法如圖 6-1。

如果想買進某檔股票 500 股。第一筆先買進 100 股。如果股價上漲了，再買進第二筆 100 股，依此類推。但是後續買進的價格，一定要比前一筆來得高。

同樣原則也適用於放空。除非價格低於前一筆，否則絕不要再賣出下一筆。如果遵循這原則，與採用任何其他方法相比，會更接近市場正確的一邊。原因在於在這樣的狀況之下操作，所有交易自

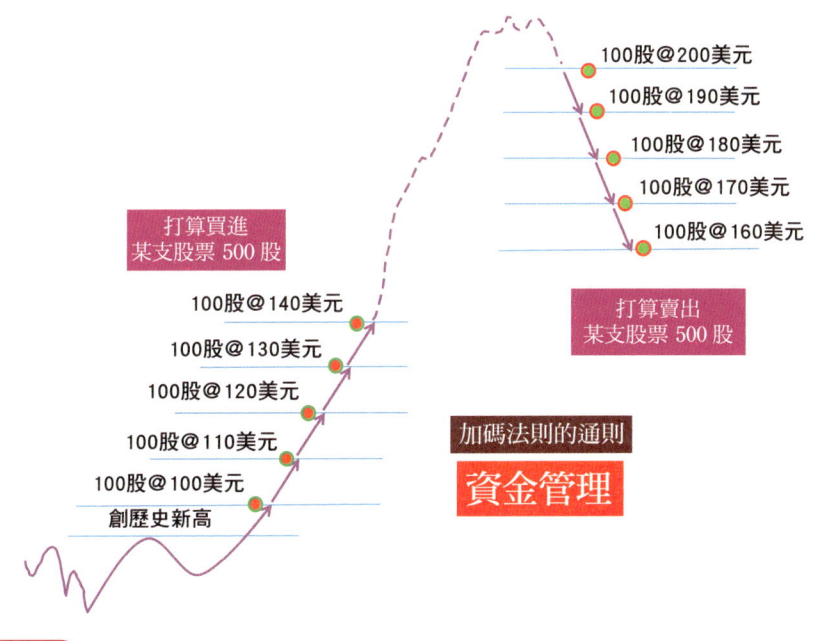

圖 6-1　打算運用資金管理買進 500 股股票的加碼策略

始至終都是獲利的。

有關於操盤過程中的錯誤與正確作法，說明如下。

- 錯誤作法：把部位建立在同一個價位上。這是指在同一個「時間」點進場，買在同一個「價格」上。
- 正確作法：第一筆單子買進之後，價格往上推升，即表示做對了。當第一筆單子已是賺錢時，才可以再下第二筆單買進。運用此法則，買進的價格與時間就都對了。

台股案例

如圖 6-2，若宏碁（2353）在 35 元買進，買進後的停損價是一成 31.5 元。這裡有兩點說明：

- 一成的意思是最多一成，若依當時狀況調整為 32 元停損也是正確的。
- 停損價可微調到整數關卡，如圖 31 元處。

若買進後持續上漲，則應將原本的 31 元往上調整，以當時市價往下算一成，此時「停損點」的名稱應調整成「停利點」，依圖 6-2 所示，宏碁在 35 元買進，波段高點在 56.3 元，往下算一成，此時「停利點」應該在 50 元以上賣出。

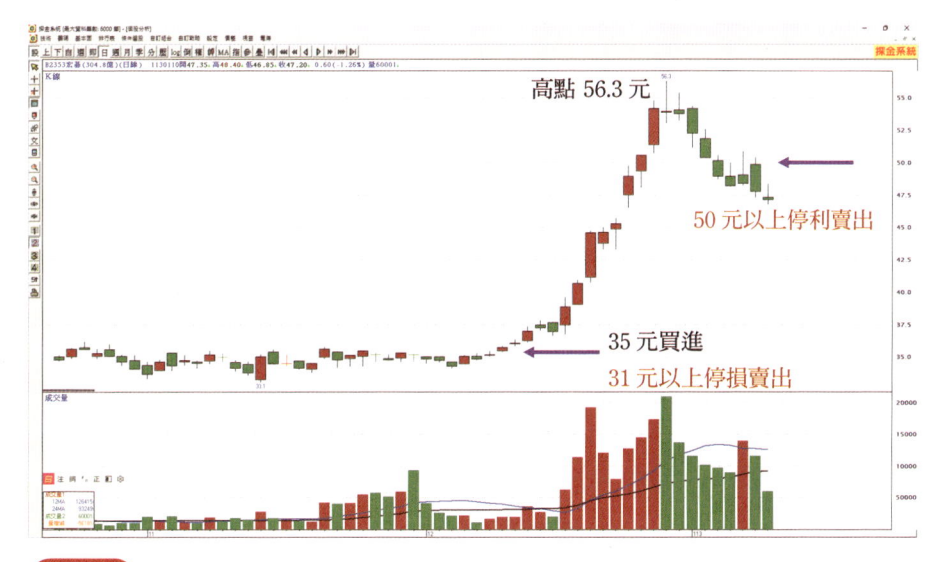

圖 6-2　宏碁停損一成的資金管理策略案例

本章小結

資金管理指的是操盤過程中，帳戶中的現金與部位資金的控管。這裡面包括錯誤的邏輯與行為是怎麼來的，然後要找出正確的操盤邏輯與作法，最後要到市場執行正確的操盤行為，並從中賺到錢。

「投資就是要等到賺錢時，才願意出場」，是一個錯誤的投資邏輯，這將導致一連串錯誤行為。為了讓做錯的交易能逆轉勝，散戶的可執行方法通常就只剩逆勢加碼買進一途。攤平加碼之後，假設行情如預期，當然有脫困機會；但如果行情還是往不利的方向發展，那就變成在虧損部位上更加擴大損失。股票往不利於投資的方向發展時，就像失火一樣，我們應該往外跑，而不是往內跑。這就是攤低成本作法的問題所在。

投資人為何會運用攤低成本的操作手法？不外乎是想把成本價拉到市價附近，這樣就可能在逆轉勝的狀況下賺錢出場。人性弱點是另一個重點，價格相對便宜，就是較有吸引力。當時 20 元買了，現在 15 元當然就更能買。所以，越跌越買，是最符合人性的作法。

向下攤平與順勢交易法則，與在勝算大的地方下手的操盤術相抵觸。故運用時千萬要小心謹慎，否則終究會遇到毀滅性的災難，包括：股票下市、公司倒閉、基金清算等。

向下攤平的操作手法，用在哪些地方就可能是對的？所有操作手法都可能是對的，重點在操盤人的運用時機是否正確。向下攤平手法在下列三種情境下，會是對的：

- 如果是在上漲趨勢的回檔中，拉回整理完後再漲，這時累積的部位就會是對的。
- 如果是在底部區，累積的部位就會是對的。
- 如果是在整理區間，行情就在交易區間裡面震盪，遇壓力就向下走、遇支撐就往上走，這時的向下攤平也可能是對的。

但若是遇到空頭架構，在持續下跌趨勢中做逆勢加碼動作，最後一定會產生嚴重虧損，甚至賠光。這時前面三種狀況下累積的獲利，會不夠承擔最後這次虧損。由於未來的行情不可知，故在操作策略中必須屏除這種可能性。結論是：不要採用攤低成本的作法。

握有大量虧損部位，會嚴重影響操盤手的判斷與情緒的身心狀況。真正的操盤高手，不允許這類事情發生在交易過程。

國家圖書館出版品預行編目 (CIP) 資料

一本讀懂傳奇作手李佛摩：投資心法、操盤技巧與守則解析
× 台股圖例實戰應用，輕鬆活學史上最偉大操盤術 / 齊克
用著. -- 初版. -- 臺北市：今周刊出版社股份有限公司，
2024.09

192 面 ; 17 × 23 公分. --（投資贏家系列 ; 81）

ISBN 978-626-7589-00-7（平裝）

1.CST: 股票投資 2.CST: 投資技術 3.CST: 投資分析

563.53　　　　　　　　　　　　　　　　　113014106

投資贏家系列 81

一本讀懂傳奇作手李佛摩

投資心法、操盤技巧與守則解析 ✕
台股圖例實戰應用，輕鬆活學史上最偉大操盤術

作　　　者	齊克用
總 編 輯	李珮綺
資深主編	李志威
校　　　對	許訓彰、呂佳真
封面設計	賴維明 @ 雨城藍設計
內文排版	薛美惠

企畫副理	朱安棋
行銷專員	江品潔
印　　　務	詹夏深

出 版 者	今周刊出版社股份有限公司
發 行 人	梁永煌
地　　　址	台北市中山區南京東路一段 96 號 8 樓
電　　　話	886-2-2581-6196
傳　　　真	886-2-2531-6438
讀者專線	886-2-2581-6196 轉 1
劃撥帳號	19865054
戶　　　名	今周刊出版社股份有限公司
網　　　址	http://www.businesstoday.com.tw

總 經 銷	大和書報股份有限公司
製版印刷	緯峰印刷股份有限公司
初版一刷	2024 年 9 月
定　　　價	400 元

版權所有，翻印必究
Printed in Taiwan